LEKTÜRESCHLÜSSEL FÜR SCHÜLER

Louis Malle
Au revoir, les enfants
Auf Wiedersehen, Kinder

Von Reiner Poppe

Philipp Reclam jun. Stuttgart

Dieser Lektüreschlüssel bezieht sich auf folgende Textausgabe in der Originalsprache: Louis Malle: *Au revoir, les enfants. Scénario.* Hrsg. von Wolfgang Ader. Stuttgart: Reclam, 1993 [u. ö.]. (Universal-Bibliothek. 9290.)

RECLAMS UNIVERSAL-BIBLIOTHEK Nr. 15382

Gesamtherstellung: Reclam, Ditzingen
Printed in Germany 2007

ISBN 978-3-15-015382-6

www.reclam.de

Inhalt

1. Erstinformation zum Werk

Au revoir, les enfants (1987) zählt zu den bedeutendsten französischen Filmen des späten 20. Jahrhunderts. Er behandelt aus der ganz persönlichen Erinnerung des Autors, Produzenten und Regisseurs Louis Malle (1932–95) eine Episode aus der Zeit der deutschen Besetzung Frankreichs während des Zweiten Weltkrieges (1940–44):

> In einem katholischen Internat einer französischen Kleinstadt werden im Jahr 1944 drei jüdische Schüler unter falschem Namen aufgenommen und versteckt. Zwischen einem nichtjüdischen Schüler (Julien Quentin) und einem der jüdischen Schüler (Jean Kippelstein) entwickelt sich eine Freundschaft, die zu Ende ist, noch ehe sie sich unter den gegebenen Umständen richtig entfalten kann. Der Küchengehilfe Joseph, mit dem die Schüler ihren Spott treiben und der gern zum allgemeinen Sündenbock gemacht wird, verrät die Namen der versteckten Schüler an die Gestapo. Der Internatsleiter und die jüdischen Schüler werden verhaftet. Das Internat wird geschlossen. Die Verhafteten kommen in den berüchtigten Konzentrationslagern Auschwitz und Mauthausen um.

Louis Malle war bereits ein arrivierter und vielfach ausgezeichneter Filmemacher, als er nach seiner Rückkehr aus den USA, wo er zwischen 1977 und 1986 gelebt und gearbeitet hatte, *Au revoir, les enfants* drehte. Den Anstoß dazu hatte schon die Arbeit an *Lacombe Lucien* im Jahre

bedeutender Film: **film majeur, film important**
ausgezeichnet: **décoré**

1973 gegeben, ein Film über den französischen Widerstand und die Kollaboration, zu dem Malle intensive Vorstudien betrieben hatte. Vieles aber, was er über die schwere Zeit Frankreichs unter deutscher Besatzung sagen wollte und von dem, woran er sich während seiner Recherchen mehr und mehr erinnerte, blieb in jenem Film ungesagt. Das circa 40 Jahre zuvor Geschehene arbeitete jedoch in ihm und drängte nach weiteren Formen der Bewältigung und Gestaltung. Verstärkt wurden Malles Erinnerungen an die »années noires«, die aufgewühlten Jahre 1942–44 in Frankreich, durch den Barbie-Prozess, der 1987 in Paris stattfand. Mit dem Namen des ehemaligen Nazi-Hauptsturmführers Klaus Barbie[1] verband sich für die französische Öffentlichkeit die Erinnerung an die Zeiten von Terror und Gegenterror in Frankreich unter der Nazi-Okkupation. Als das Nazi-Reich unterging, rettete sich Barbie nach Südamerika. Die bolivianische Regierung lieferte ihn 1983 an Frankreich aus. Wegen seiner grausamen Folterungen und Morde an französischen Widerstandskämpfern und an der Zivilbevölkerung war er als »Schlächter von Lyon« vor Gericht gestellt worden. Das internationale Interesse an diesem Prozess war groß. Barbie wurde zu lebenslanger Haft verurteilt. Bereits vier Jahre später starb er am 25. September 1991 im Krankenhaus des Gefängnisses von Lyon.

Neue Formen filmischer Gestaltung der deutschen Besatzungszeit in Frankreich

schwere Zeit unter Besatzung: **temps difficile sous l'occupation**

Historisch-politische Kulisse: Frankreich unter deutscher Okkupation

Die Deutschen hatten am 14. Juni 1940 Paris eingenommen und besetzt. Drei Tage später wurde der ehemalige »Held von Verdun« aus dem Ersten Weltkrieg, Henri Philippe Pétain (1856–1951), beauftragt, eine neue Regierung zu bilden und mit den Deutschen über einen Waffenstillstand zu verhandeln.[2] Der Waffenstillstandsvertrag wurde am 22. Juni 1940 unterschrieben. Teil des Vertrages war die Zweiteilung Frankreichs. Der südliche Teil (ca. 40%) wurde der französischen Regierung zugewiesen. Sie etablierte sich in dem kleinen Badeort Vichy. Dieser Teil Frankreichs sollte gemäß dem Vertrag unbesetzt bleiben. Die übrigen Landesteile kontrollierte die deutsche Besatzungsmacht von Paris aus. Von der Vichy-Regierung erwarteten die Deutschen Loyalität und uneingeschränkte Zusammenarbeit. Pétain sicherte sie ihnen zu und versuchte den Franzosen im ganzen Lande klarzumachen, dass dies der einzige Weg sei, Frankreich vor Schlimmerem zu bewahren. Pétains Regierung, die sich ab 11. Juli 1940 »État français« nannte, wurde von der Mehrzahl der Franzosen akzeptiert und von den USA und der Sowjetunion diplomatisch anerkannt. Als Regierungschef fungierte Pierre Laval (1833–1945), während Pétain – zu diesem Zeitpunkt bereits ein alter Mann von 84 Jahren – das Amt des Staatspräsidenten mit nahezu unbeschränkten Machtbefugnissen innehatte.[3] Nur wenige Tage nach der Besetzung Frankreichs bildete Charles de Gaulle in London

eingenommen und besetzt: **envahi et occupé**
Loyalität, uneingeschränkte Zusammenarbeit: **solidarité, coopération absolue**

eine Gegenregierung. Von dort aus wurde der Widerstand gegen die Okkupanten und das willfährige Vichy-Regime organisiert. Pétain musste sich vorwerfen lassen, immer faschistischer zu werden und sich dem deutschen Druck nicht nur zu beugen, sondern diesen durch eine ungeheure Repressionspolitik noch zu verstärken. Neben Kriegsgefangenen wurden französische Arbeiter (zwangsweise) nach Deutschland geschickt. Nach deutschem Vorbild wurden »Judengesetze« eingeführt (Judenstatuten vom 3. Oktober 1940, 2. Juni 1941) und durch Razzien und Massenverhaftungen (16./17. Juli 1942) brutal umgesetzt. Ab 1942 wurden circa 200 000 französische und ausländische Juden in die deutschen Konzentrationslager weit im Osten des ehemaligen »Reiches« verschleppt. »Die Männer, die das Judenstatut unterzeichnet haben, haben nicht an Auschwitz gedacht und es auch nicht gewollt, und die rachsüchtige Reden führenden Mitglieder der »Légion« [einem militärischen Verband französischer Kollaborateure] vom Herbst 1940 sind nicht die zukünftigen Foltermilizionäre vom Frühling 1944«, lesen wir bei Olivier Baruch.[4] Dennoch, so führt er weiter aus, haben sie es »möglich gemacht«[5], indem sie sich für den Weg der Kollaboration entschieden. Dieses Vichy erschreckte und empörte große Teile der Bevölkerung. Die Widerstandsbewegung weitete sich auf ganz Frankreich aus.

Als Frankreich von den Deutschen besetzt wurde, war Louis Malle acht Jahre alt. Er erlebte die Jahre überwiegend außerhalb seines Elternhauses im Internat unweit Paris

Gegenregierung: **gouvernement opposé**
Juden … verschleppt: **juifs … déportés**

(Fontainebleau). Zu jung, um zu verstehen, was sich politisch im Lande und in der Welt ereignete, war Louis Malle jedoch sensibel, aufmerksam und intelligent genug, um das, was um ihn herum geschah, zu hinterfragen und zu reflektieren. *Au revoir, les enfants* ist seine Geschichte, in der sich die »années noires« facettenreich im Thema von Widerstand und Kollaboration (Patres, Moreau, Juden; Miliz), Verfolgung und Unterdrückung (Gestapo) widerspiegeln. Auch die bedrückende Alltagssituation mit Bombenalarm und Schwarzmarkt unter den Kriegsverhältnissen im Lande werden in dem Film lebendig. Sie geben in ihm jedoch nicht mehr als die historisch-politische Kulisse ab. Somit handelt es sich nicht um einen autobiografischen Film im eigentlichen Sinne.

Autobiographischer Hintergrund

Im Vordergrund stehen das Thema einer Freundschaft und das eines Verrats (Julien Quentin / Jean Bonnet; Joseph). Aber auch Julien begeht einen »Verrat«, vollkommen naiv und unbeabsichtigt, als die Gestapo alle Internatsangehörigen auf dem Schulhof antreten lässt, um die jüdischen Schüler zu identifizieren. Ausgerechnet in diesem Augenblick sucht Julien (d. h. Louis Malle) den Blickkontakt zu Jean Kippelstein, den es wirklich gegeben hat (er hieß Jean Helmut Michael). Dieser Blick entgeht dem scharfäugigen und scharfsinnigen Gestapo-Chef Dr. Müller nicht. Die eigene »Schuld« hat Louis Malle nie vergessen können, ebenso wenig die Abschiedsworte des Père Jacques (Père Jean). Sie gaben dem Film den Titel.[6] Obwohl in diesem Sinne sehr persönlich motiviert, enthält

unbeabsichtigt: **sans intention, involontairement**

der Film eine Fülle fiktionaler Elemente, in denen die seinerzeit erfahrene Wirklichkeit ergänzt bzw. verändert worden ist (die Person Joseph etwa oder die Geländespielszene). *Au revoir, les enfants* beschließt vorerst die Reihe jener Filme, die sich mit Problemen dieser auch heute noch für viele Franzosen »unbewältigten Vergangenheit« befassen und deren bekanntester François Truffauts *Le Dernier Métro* aus dem Jahre 1980 sein dürfte. Über die Ebene der persönlichen Auseinandersetzung mit den Erinnerungen an die eigene Kindheit hinaus griff Louis Malle in *Au revoir, les enfants* Themen auf, die sich in vielen seiner anderen Filme spiegeln: die Doppelmoral der Bourgeoisie, die unmoralische Welt der Erwachsenen durch die Augen von Kindern gesehen, die Nöte des Erwachsenwerdens mit Ängsten und Unsicherheiten, das Böse an sich und das Problem von Ethik und Moral menschlichen Handelns, besonders in Extremsituationen. Im Kapitel 5: »Interpretation« werden wir schwerpunktmäßig die Themen »Angst« und die »Omnipräsenz des Bösen« in den Mittelpunkt unserer Betrachtung rücken. Beide sind spezifisch für diesen Film und signifikant für Louis Malles Weltverständnis.

Angst, Omnipräsenz des Bösen: **peur, omni-présence du mal**

2. Inhalt

(Die mit **fett gedruckten Ziffern** versehenen Abschnitte sind für den Ablauf der Handlung besonders wichtig.)

Juliens schwerer Abschied

1. Gare de Lyon, 3. Januar 1944: Mme. Quentin verabschiedet ihre beiden Jungen Julien und François. Die Weihnachtsferien sind zu Ende, und sie müssen in ein von katholischen Priestern geführtes Kleinstadt-Internat zurückkehren. Mme. Quentin versucht ihrem Jüngsten, dem der Abschied sehr schwerfällt, Mut zu machen. – François tritt hinzu. Er raucht eine Zigarette; die Ermahnungen seiner Mutter können ihn nicht beeindrucken. Spöttisch kommentiert er den zärtlichen Abschied seines Bruders von ihr. Er selbst umarmt sie nur flüchtig.

2. Julien sitzt allein in einem Zugabteil. Er weint. Unter den anderen Schülern, die sich auf die übrigen Sitze verteilt haben, sind lautstarke Balgereien im Gange.

3. An die drei Dutzend Jungen sind von Pater Michel abgeholt worden. Sie tragen Internatsuniform. Zwei deutsche Soldaten treten zur Seite, um sie vorbeigehen zu lassen. Auf dem Weg zum Internat »Couvent des Carmes. Petit Collège Saint-Jean-de-la-Croix« befragt Pater Michel Julien über den Verlauf der Ferien. Der Junge antwortet höflich, aber reserviert.

höflich, aber reserviert: **poli, mais réservé**

4. Im Schlafsaal entsteht eine kleine Balgerei. Einer der Jungen, Ciron, vergreift sich an Juliens Privatsachen und entwendet ein Glas Marmelade. Dieser erobert es sogleich zurück. Moreau, ein junger Assistent, der den Schlafsaal zu überwachen hat, sieht hilflos zu. – Der Internatsleiter Pater Jean und Pater Hippolyte werden angekündigt. Sie betreten den Schlafsaal; bei ihnen sind drei Jungen, die noch keine Internatsuniform tragen. Pater Jean weist Moreau an, einen der Jungen mit Namen Jean Bonnet einzuquartieren. Im Rausgehen gibt er dem Jungen einen Kuss auf die Stirn. – Bonnet ist sogleich Ziel und Opfer einiger rauer Scherze seiner Mitschüler. Als es ruhig geworden ist, macht sich Julien mit Bonnet bekannt.

5. Über Nacht ist das Wasser eingefroren. Jean Bonnet, der nicht damit gerechnet hat, dass ihm Eisbrocken entgegenschießen, als er am Morgen den Wasserhahn öffnet, muss sich sogleich sagen lassen, sich nicht wie ein Muttersöhnchen zu benehmen.

Harte Bedingungen im Internat

6. Beim Morgengebet wird Boulanger ohnmächtig. Alle sind hungrig und frieren. François, der neben seinem Bruder sitzt, beklagt sich über die harten Bedingungen in der Schule. Trotzdem will er kein Weichling sein und ist bereit, die Kommunion über sich ergehen zu lassen.

7. Julien liest in der Klasse mehr schlecht als recht ein Gedicht von Charles Péguy vor. Der Lehrer, M. Tinchaut, kommentiert die Leistung seines Schülers ironisch. Zum

die harten Bedingungen: **les conditions de vie difficiles**

Dichter selbst weiß Julien nicht allzu viel zu sagen. Bonnet, der als Nächster aufgerufen wird, weiß gar nichts über ihn. Die Klasse wird aufgefordert, sich zu den beiden ersten Strophen des Gedichtes schriftlich zu äußern. Julien unterbricht seine Arbeit und beobachtet Bonnet, der sehr konzentriert arbeitet. Als er draußen die Stimme eines deutschen Soldaten hört, zeigt er sich für einen Moment abgelenkt. Julien erregt die Aufmerksamkeit seines Sitznachbarn Boulanger, indem er sich mit der Zirkelspitze mehrmals in den Handrücken sticht. Er behauptet, dass es nicht weh tue. Bonnet sieht ihm verwundert zu.

Härteprüfungen

8. Pausenzeit – im Hof treten sich einzelne Schüler die Füße warm, andere turnen am Reck. Eine dritte Gruppe bewegt sich auf Stelzen. In harten Duellen versuchen die Jungen einander aus der Balance zu bringen. Bonnet hält sich abseits; er ist in ein Buch vertieft. Einige Fünftklässler heben ihn hoch und lassen ihn rücklings auf den harten Boden fallen. Julien hingegen ist mitten im Getümmel der Stelzengänger und bringt einen Gegner aus dem Gleichgewicht. Noch während er sich triumphierend als »Chevalier sans peur et sans reproche« feiert (21,8 f.), wird er von einem älteren Schüler, Laviron, zu Fall gebracht. Nur mühsam kann er die Tränen zurückhalten. Sofort wird Laviron von einem anderen Mitschüler, Négus, herausgefordert. Ein Kreis von Zuschauern umringt die beiden, die von ihren Anhängern heftig angefeuert werden. Das Ritual des Kampfes wird

in harten Duellen: **en duel intense**
in ein Buch vertieft: **plongé dans la lecture**
Das Ritual des Kampfes: **le rituel de la bataille**

durch ein Ritual an Worten unterstützt, mit dem sich die beiden Kombattanten selbst beflügeln. Bonnet setzt sich lautstark für Négus ein, den er als seinen besten Freund bezeichnet. Négus, auf den Stelzen nicht sehr sicher, strauchelt. Er fängt sich jedoch rasch wieder. – Pater Michel signalisiert das Ende der Pausenzeit, sehr zum Bedauern der Schüler.

Josephs »Geschäfte«

9. Juliens Knie wird von Mme. Perrin, der Köchin, mit Essig verarztet. Sie ist resolut, doch scheint sie ein mütterliches Herz zu haben. Julien hört nicht auf ihre Ermahnungen, demnächst beim Stelzenkampf vorsichtiger zu sein. Er ist ganz auf den Küchenjungen Joseph konzentriert, der mit einem älteren Schüler in ein Tauschgeschäft verwickelt ist. Joseph fühlt sich übers Ohr gehauen. Da er hinkt, kann er dem davonlaufenden Jungen nicht so schnell folgen. Mme. Perrin ruft ihn barsch zur Arbeit und Ordnung. Sie gießt sich einen guten Schluck Rotwein ein und wird dafür von Joseph gefoppt, dem sie daraufhin grob über den Mund fährt. – Julien verhandelt mit dem Küchenjungen über ein Tauschgeschäft. Er kann dessen Interesse gewinnen, indem er ihm ein Glas Marmelade anbietet.

10. In der Mensa sind die Schüler, Lehrer und das Aufsichtspersonal beim Mittagessen versammelt. Julien sitzt mit seinen Klassenkameraden zusammen. Ein Korb mit persönlichen Leckereien, die einige Eltern ihren Jungen regelmäßig schicken, um das bescheidene Internatsessen zu ergänzen, soll herumgereicht werden. Pater Jean mahnt, untereinander zu

verhandeln über ein Tauschgeschäft: **faire/accepter une entente** teilen. Boulanger zeigt dazu wenig Bereitschaft. – Ein Teller mit Fleisch macht die Runde. Bonnet verzichtet. Ein Schüler trägt einen Text aus dem Evangelium vor. Die Mitschüler machen ihre Witze darüber. Als das Mittagessen fast beendet ist, bringt Moreau einen kleinen Nachtisch: mit Vitaminen angereicherte Kekse. Im Hinausgehen greifen die Schüler zu. Julien nimmt zwei, von denen er Bonnet einen anbietet. Der lehnt ab; Julien ist ungehalten. – Joseph fragt Julien nach der versprochenen Marmelade. Juliens Bruder und ein paar ältere Schüler machen sich einen Spaß daraus, Joseph im Vorübergehen zu Boden zu werfen. Dabei fällt aus Josephs Brieftasche das Foto eines Mädchens. Die Jungen nehmen es auf und machen sich über Joseph lustig. Er entreißt ihnen das Foto und eilt davon. Julien folgt ihm, um ihm das Glas Marmelade zu geben.

Julien und Bonnet: Rivalität und aufkeimende Freundschaft

11. In einem Winkel des Gartens, wo das Internat einige Schweine hält, holt er ihn ein. Der Küchengehilfe zeigt Julien einen Satz Briefmarken, für die er das Glas Marmelade möchte. Julien geht auf das Geschäft erst ein, als Joseph noch einen zweiten Satz drauflegt. Der bezeichnet ihn daraufhin als »vrai juif« (31,9). – Julien spricht Joseph auf das Mädchen an, der seinerseits ein paar Francs geliehen zu bekommen versucht, um seine Freundin auszuhalten. Julien beteuert, keinen Sous zu haben, und rät ihm, sich an François zu wenden.

12. In der Mathematikstunde hat Bonnet Gelegenheit zu glänzen. Plötzlich gibt es Alarm. Ohne Hast, dafür mit um-

teilen: **partager**
einen zweiten Satz (Briefmarken): **une deuxième série (de timbres)**

so größerer Freude über die Unterbrechung begeben sich die Schüler in Richtung Luftschutzkeller.

13. Dort herrscht ein allgemeines Durcheinander. Trotzdem versucht M. Gibourg den Unterricht fortzusetzen. Bonnet sitzt neben Julien, der im Schein seiner Taschenlampe *Les Trois Musquetaires* liest. Bonnet wird schroff abgewiesen, als er mitlesen will. – Bei einer Bombendetonation geht die Notbeleuchtung an der Decke aus. Ein Schüler vermutet, dass der Bahnhof bombardiert wird; ein anderer hält es für wahrscheinlicher, dass die Kasernen das Ziel des Bombardements sind. Pater Michel betet mit seinen Schülern.

14. Im Schlafraum findet Bonnet sein Laken zusammengebunden, sodass er sich nicht ausstrecken kann. Er vermutet, dass Julien ihm den Streich gespielt hat, ohne von diesem jedoch eine klare Antwort zu bekommen. – Im Traum entleert sich Juliens Blase. So leise wie möglich versucht er das Laken zu wenden, um auf einer trockenen Stelle weiterschlafen zu können. Dabei beobachtet er einen Schüler, der offenbar einen schweren Traum hat, einen Schrei ausstößt und sich gegen irgendwelche Angriffe zur Wehr setzt. Auch Bonnet ist hellwach. Als er Julien sieht, beruhigt er sich und schläft wieder ein.

15. Die Schüler der »Vierten« absolvieren im Hof am Reck ihre Übungen. Ihr Lehrer, ein ehemaliger Unteroffizier, treibt sie grob an. Es ist kalt. Ein hübsches Mädchen – es handelt sich

schroff abweisen: **repousser rauquement**
seine Blase (ins Bett) entleeren: **vider sa vessie (dans son lit)**
ein schwerer Traum: **une rêve pesante**

um die Musikerzieherin Mlle. Davenne – fährt auf einem Fahrrad über den Schulhof. Alle sehen ihr nach, auch der Sportlehrer, der für einen Augenblick seine Schüler vollkommen vergisst, als dem Mädchen beim Absteigen der Rock hinaufrutscht und ihre Oberschenkel sichtbar werden. Die Viertklässler haben dazu ihre eigenen Ansichten (39,5–9). François und Pessoz tauchen wie aus dem Nichts auf und begleiten die junge Musikerzieherin in das Gebäude.

16. Julien spielt Mlle. Davenne ein Schubert-Impromptu vor. Die Klavierlehrerin tadelt ihn. Sie schlägt ihm vor, es doch lieber mit Geigenspielen zu versuchen. Nach ihm trägt Bonnet das Stück vor, viel besser als er. Julien verlässt den Raum. Er ist ärgerlich, bleibt aber draußen stehen und lauscht, bis Bonnet das Stück zu Ende gespielt hat.

17. Die Schüler sitzen über ihren Aufgaben. Pater Hippolyte ist der Aufsicht führende Lehrer. Er betet und dreht dabei der Klasse den Rücken zu. Julien beobachtet Bonnet, der ein Blatt beschriebenen Papiers unschlüssig hin und her wendet. Sein Sitznachbar entreißt es ihm. Es wandert von Bank zu Bank, ohne dass Bonnet eine Chance hat, es wieder in seinen Besitz zu bringen. Julien, bei dem das Papier schließlich landet, wirft einen Blick auf das Geschriebene. Es handelt sich um einen Brief von Bonnets Mutter. – Julien wird zur Beichte geschickt. Im Hinausgehen lässt er den Brief auf Bonnets Pult fallen.

ein Schubert-Impromptu: **une pièce pour le piano du composeur Schubert**

ein Blatt Papier unschlüssig hin und her wenden: **tourner un papier avec hésitation**

18. Julien hat nicht viel zu beichten. Ein Telefonanruf unterbricht das Gespräch mit Pater Jean. Der Anrufer scheint erregt. Die Bruchstücke des Telefongesprächs, die Julien aufschnappt, deuten auf etwas Politisches. Der Geistliche reagiert ruhig und kontrolliert; gleichwohl ist er beeindruckt und ein wenig ratlos. Ehe Julien entlassen wird, muss er Pater Jean versprechen, sich weiterhin um Bonnet zu kümmern. Dieser scheinbar ganz zusammenhanglos ausgesprochene Appell überrascht Julien.

19. Die Schüler der dritten und vierten Klasse marschieren in Zweierreihen durch das Städtchen zum öffentlichen Badehaus. Einige Schüler unterhalten sich über die politische Gegenwart. Ein betrunkener Radfahrer kreuzt ihren Weg. Im Gehen liest Julien *Les Trois Musquetaires*; Bonnet marschiert neben ihm. Sie tauschen einige Gedanken über ihre Zukunft aus. Bonnet möchte etwas mit Mathematik machen; das findet Julien nicht diskutabel. Am Badehaus lesen sie auf einem Schild: »Cet établissement est interdit aux juifs« (47,18 f.).

»Für Juden verboten«

20. Das Badehaus ist ziemlich voll. Auch deutsche Soldaten sind da. Einzelne Schüler fühlen sich in ihrer Gegenwart nicht wohl. Bonnet setzt sich zwischen sie, um seine Stiefel auszuziehen. Ein Schüler, Du Vallier, fragt Bonnet, warum er sich nicht an der feierlichen Kommunion beteilige. Bonnets Antwort, er sei Protestant, ruft Juliens Argwohn wach. Julien findet, dass Bonnet nicht gerade ein protestantisch klingender Name sei. Pater Michel weist

Bruchstücke (des Gesprächs): **des fragments de la conversation**

den Jungen Duschkabinen zu und fordert sie auf, sich zu beeilen. Julien lässt sich Zeit. – Später klopft Pater Michel an die Tür und tritt ein. Julien ist noch damit beschäftigt, sich seinen Kopf einzuseifen. Als der Priester Julien halbnackt in der Badewanne sieht, wendet er sich schamvoll ab. Julien versichert, dass es nicht seine Schuld sei und zieht sich ungerührt an.

21. Draußen geht ein eiskalter Wind. Die Jungen versuchen sich warm zu halten, bis sie alle angetreten sind. Nach ihnen verlässt ein junger Mann das Badehaus. Auf seinem Mantel sieht man einen gelben Judenstern. Babinot äußert sich anerkennend über den Schneid des jungen Mannes, wird aber von Boulanger aufgefordert, den Mund zu halten. – Pater Michel ordnet »Dauerlauf« an; er und seine Schüler setzen sich in Trab.

Juliens ›Entdeckung‹

22. In der Nacht wacht Julien durch einen ihm fremden Ton auf. Er sieht Bonnet im Gebet, seine Gebetsformeln murmelnd. Die Art des Gebets ist Julien fremd. Als er sich bewegt, unterbricht Bonnet für einen Moment seine Andacht. Julien stellt sich schlafend. Bonnet nimmt sein Gebet wieder auf.

23. M. Moreau hat die jüngeren Schüler zur Morgengymnastik versammelt. Plötzlich betritt eine Gruppe Milizionäre den Schulhof. Moreau führt die Jungen in einen ande-

Duschkabinen zuweisen: **désigner des douches (aux garçons)**
gelber Judenstern: **l'étoile jaune d'identification**
im Gebet: **en prière**
eine Gruppe Milizionäre: **un groupe de miliciens**

ren Winkel des Schulhofs und setzt die Gymnastik fort. Dabei beobachtet er die Milizionäre. Pater Jean, im Gespräch mit ihnen, beschwert sich. Sie setzen sich über seine Einwände, kein Recht zu haben, in das Schulgelände einzudringen, hinweg und gehen in das Gebäude. Moreau bricht die Übungen ab und entfernt sich unauffällig. Pater Michel führt Bonnet rasch aus der Gruppe fort; sie schließen sich Moreau an. – Julien erfährt von Joseph, der sich an den Mülleimern zu schaffen macht, dass die Milizionäre einer Anzeige nachgingen. Im Internat sollen sich Leute aufhalten, die sich dem Zwangsarbeitsdienst in Deutschland entzögen. Moreau sei einer von ihnen, der sich unter falschem Namen hier aufhielte. Joseph sagt, dass ihm das alles egal sei; er werde ohnehin nicht mehr lange an der Schule sein. Mme. Perrin ruft nach ihm, der eiligst in Richtung Küche verschwindet.

24. Die Schüler erhalten ihre Aufsätze zurück. M. Tinchaut ruft einzelne Namen auf und gibt Erklärungen zur Benotung ab. Bonnet kommt zurück, von Pater Michel begleitet, der dem unterrichtenden Lehrer etwas ins Ohr flüstert. Bonnet erhält seinen Aufsatz mit einer sehr guten Note zurück. M. Tinchaut spornt Julien mit dem Hinweis auf eine ihm offenbar erwachsene Konkurrenz an. Julien fixiert Bonnet unverwandt. Dieser hält dem Blick stand.

25. Nach dem Mittagessen beobachtet Julien, wie Joseph ein paar Zigaretten in François' Hände schmuggelt. François vertröstet ihn mit dem Bezahlen. Als er seinen Bruder

falscher Name: **nom fictif**
etwas ins Ohr flüstern: **murmurer dans l'oreille**
schmuggeln: **faire de la contrebande**

bemerkt, verweist er Joseph an ihn, der sicherlich noch etwas Süßes zum Tauschen habe. Joseph bietet Julien in Erwartung einer Gegenleistung eine hübsche gläserne Murmel an, die dieser sogleich einsteckt. Der Tauschhandel wird durch einen der Internatsaufseher unterbrochen, der Julien Post bringt.

26. Julien ist allein im Schlafsaal. Er liest einen Brief, den seine Mutter ihm geschrieben hat. Sie will ihn (und François) besuchen kommen und mit ihnen essen gehen. Julien stöbert in Bonnets Sachen herum. Er findet ein Foto, auf dem Bonnet mit seinen Eltern zu sehen ist. Beim weiteren Herumsuchen entdeckt er in einem der Bücher Bonnets den Namen »Jean Kippelstein«. – Bonnet betritt den Schlafraum. Er ist im Gespräch mit Navarre, dem er einen mathematischen Begriff erklärt. Sie nehmen Juliens Anwesenheit nicht wahr.

27. Der Griechischlehrer M. Florent lässt die Jungen ein Diktat schreiben. Einige nehmen nicht am Griechischunterricht teil, darunter auch Bonnet. Er sitzt abseits und zeichnet ein Jagdflugzeug. – Julien schreibt die diktierten Sätze schnell und findet in den kleinen Pausen immer wieder Zeit in seinem Lieblingsbuch, *Les Trois Mousquetaires*, weiterzulesen, das er fast beendet hat. Als die Stunde um ist, macht M. Florent Bonnet darauf aufmerksam, wie wichtig Griechisch für das Leben sei (61,15–17). – Julien sucht das Gespräch mit Bonnet. Er fragt ihn nach seinen Eltern und erfährt, dass Bonnets Vater im Gefängnis ist

Julien und Bonnet werden Freunde

das Gespräch suchen: **chercher une conversation**

und dass er von seiner Mutter schon seit drei Monaten nichts gehört hat. Die drängenden Fragen Juliens gehen Bonnet auf die Nerven, und schließlich reagiert er sehr schroff: »Fous-moi la paix« (63,9). Gerade in diesem Augenblick kommt Pater Hippolyte und weist die beiden Jungen an, in die Pause zu gehen.

28. Einige Schüler, unter ihnen Julien und François, tauschen ihre Gedanken über die Existenz Gottes aus. Sie rauchen. Julien, der an der Zigarette seines Bruders zieht, bekommt einen Hustenanfall. Die älteren Schüler lachen. – François bittet Julien eine Nachricht an Mlle. Davenne weiterzugeben (65,6 f.). Julien zögert. Von der Sache ablenkend, fragt er seinen Bruder nach der Bedeutung des Wortes »youpin« (65,11). Er erhält eine harmlos klingende Antwort, doch setzt er nach, um mehr darüber zu hören, was man den Juden generell vorwirft. François nennt ihre überlegene Intelligenz und die Kreuzigung Jesu, die sie zu verantworten hätten. Damit gibt sich Julien nicht zufrieden, und er möchte wissen, ob die Juden deshalb den gelben Stern tragen müssten. Sein Bruder verneint dies lachend, ohne ihm jedoch die Frage genau zu beantworten. – François kommt noch einmal auf sein eigenes Anliegen zurück und verspricht seinem Bruder das Buch *Mille et Une Nuits*. – Aus der Nähe der Küche sind plötzlich Geschrei und Rufe zu hören. Einige Jungen machen sich einen Spaß daraus, Joseph zu quälen, der von ihnen wieder und wieder zu Boden

auf die Nerven gehen: **attaquer les nerfs**
die Bedeutung des Wortes: **la signification du mot**
sich einen Spaß daraus machen, jmd. zu quälen: **torturer qn. avec grand plaisir (mentalement)**

geworfen wird (66,8–12). Pater Michel und Moreau trennen sie voneinander. Joseph beschwert sich heftig darüber, dass man ihn ständig wie einen Idioten behandele.

29. Die Schüler sind für ein Geländespiel in »Grüne« und »Rote« eingeteilt worden. Julien und Bonnet gehören zu den »Grünen«, deren Anführer Pessoz ist. Sie sind einer falschen Markierung gefolgt, und Pessoz befiehlt, wieder zur Kreuzung zurückzugehen. – Boulanger, Julien und Bonnet sind ein wenig zurückgeblieben. Julien denkt über den Tod nach und findet es befremdlich, dass er offenbar der einzige Schüler des Internats ist, der sich Gedanken darüber macht. Aus einiger Entfernung sehen sie, wie die »Grünen« in eine Falle gelaufen sind und von den »Roten« gefangen genommen werden (68,11–17). Julien und Bonnet werden entdeckt und von den »Roten« eingekreist. Bonnet gibt auf, Julien kann sich in Sicherheit bringen. Es wird dunkel und kalt. Durch Zufall entdeckt Julien den »Schatz«, das Ziel des Geländespiels: »Vous avez gagné. Le jeu est terminé. Rentrez par le même chemin« (69,20f.). Erleichtert signalisiert Julien seinen Triumph in alle Richtungen. Sein Rufen bleibt ohne Antwort. Er macht sich auf den Weg, um die anderen zu finden. Unverhofft trifft er auf Bonnet, den die »Roten« an einen Baum gefesselt hatten. Er hatte sich selbst befreien können. Beide sind froh, nicht mehr allein in der Dunkelheit

Gefährliche Augenblicke

über den Tod nachdenken: **penser à la mort**
sich in Sicherheit bringen: **se sauver**
seinen Triumph in alle Richtungen signalisieren: **exprimer son triomphe à tout le monde**

zu sein. Um ihre Angst zu besiegen, singen sie laut. Ein Wildschwein kreuzt ihren Weg. Sie stoßen auf eine Straße. Bereits nach wenigen Schritten hören sie Motorengeräusche. Eine deutsche Militärstreife stellt sie. Bonnet steht Todesängste aus. Die Soldaten amüsieren sich über ihn.

30. Julien und Bonnet werden von den Soldaten in die Mitte genommen und zum Internat zurückgebracht.

31. Pater Hippolyte öffnet ihnen. Er macht Julien Vorhaltungen, der immer etwas Ärgerliches anstelle. Pater Jean kommt mit einigen Schülern hinzu. Er nimmt Julien tröstend in die Arme. Der deutsche Feldwebel klärt Pater Jean über die Sperrstunde auf; niemand dürfe sich nach acht Uhr im Wald aufhalten. Pater Jean macht deutlich, dass die Kinder die Sperrstunde nicht absichtlich verletzt haben, und bietet den Soldaten etwas Warmes zum Trinken an. Sie lehnen ab, da sie auf Patrouille seien. – Zwischen Julien und Pessoz kommt es zu einem Wortwechsel, den Pater Jean unterbricht, indem er Julien und Bonnet auf die Krankenstation schickt.

32. Die Krankenstation im Dachgeschoss des Internats ist ziemlich leer. François besucht seinen Bruder und bringt ihm einen Brief von zu Hause. Mit einer zynischen Bemerkung über Frauen verabschiedet sich François. Julien liest den Brief, den seine Mutter geschrieben hat. – Eine Stationsschwester verabreicht ihm sodann eine Medizin. Julien lässt es widerstrebend zu. Boulanger und Ciron wollen wissen, wie viele

ihre Angst besiegen: **vaincre leur peur**
Motorengeräusche: **bruit d'auto**
die Sperrstunde verletzen: **dépasser le couvre-feu**

Wildschweine Julien und Bonnet gesehen haben und ob die Deutschen auf sie geschossen hätten. Die Antworten Juliens, großsprecherisch und übertrieben, werden ihm nicht abgenommen. Die Besuchszeit ist um; Boulanger und Ciron verabschieden sich. Julien bietet Bonnet ein Stück von seinem belegten Brot an, das dieser zurückweist. Julien fragt ihn rundheraus, ob er kein Schweinefleisch esse. Bonnet fragt Julien ungehalten, warum er ihm immer solche ›dummen Fragen‹ stelle. Dieser sagt ihm auf den Kopf zu, dass er seinen richtigen Namen kenne, nämlich »Kippelstein oder Kippelstin«. Bonnet stürzt sich auf ihn. Sie werden sofort voneinander getrennt. Die Stationsschwester ermahnt Bonnet streng, ins Bett zu gehen. Julien behält ihn scharf im Auge.

33. Alle, außer Bonnet, ziehen sich sonntäglich an. Dieser reagiert sehr heftig auf Juliens Frage, ob er keinen Besuch erwarte.

34. In der Kapelle sind viele Eltern versammelt, zusammen mit ihren Kindern, die das Internat besuchen. Pater Jean hält eine Predigt gegen Hass und Zwietracht. Er attackiert die Reichen, deren Herzen und Seelen verdorben seien. Mme. Quentin findet das ein wenig zu stark aufgetragen. Schweigend verlässt ein gut gekleideter Mann den Raum. Der Prior betet für die Verfolgten und Beladenen, aber auch für ihre »Schlächter«. Danach empfängt die Gemeinde das Abendmahl. Auch Bonnet kniet nieder. Pater Jean zögert, ihm die Hostie zu geben. Das Zögern wird nur von Julien und Bonnet selbst wahrgenommen.

35. Mme. Quentin diskutiert mit Pater Jean; François hält sich in der Nähe von Mlle. Davenne auf; einige der jüngeren

Schüler gebärden sich ziemlich wild, freudig erregt, dass ihre Eltern gekommen sind. Aus dem Nichts entsteht zwischen Julien und Bonnet eine Rauferei. Die beiden sind aber rasch wieder im besten Einvernehmen miteinander.

36. Mme. Quentin sitzt mit ihren beiden Söhnen und Bonnet im »Le Grand Cerf«, einem eleganten Restaurant der Stadt, in dem auch deutsche Soldaten verkehren. Trotz der durch Krieg und Besetzung bedingten Einschränkungen möchte Mme. Quentin etwas Ausgefallenes bestellen. Sie muss sich mit etwas Bescheidenerem zufrieden geben. Am Nebentisch sitzen deutsche Soldaten, die auffallend bemüht sind, Eindruck auf Mme. Quentin zu machen. Die Abwesenheit ihres Mannes erklärt sie den Kindern aus den Verpflichtungen, die dieser in der Fabrik habe. Julien macht sich darüber ein wenig lustig. Als François eine ironische Bemerkung über die politische Einstellung des Vaters fallen lässt, bringt Julien das Gespräch rasch auf Bonnet. Mme. Quentin verwechselt dessen Wohnort und Namen mit dem von Bekannten gleichen Namens. – Einer der Gäste, ein gepflegt aussehender Herr mit Namen Meyer, ist dabei zu gehen, als Milizionäre in Uniform an seinen Tisch herantreten und ihn auffordern, sich auszuweisen. Er wird schroff darauf aufmerksam gemacht, dass er sich als Jude nicht in diesem Lokal aufhalten dürfe. Die Situation droht außer Kontrolle zu geraten, als François, der seinen Mund nicht halten kann und die Milizionäre »Collabos« (Kollaborateure) nennt, scharf angegangen wird. Andere Gäste schalten sich ein und fordern die Milizionäre auf, das Restaurant zu verlassen. Es

Rauferei: **une bataille pas sérieuse**
außer Kontrolle geraten: **devenir hors contrôle**

gibt aber auch andere, die diesen Recht geben. Das lautstarke Hin und Her wird von einem der Deutschen beendet, der die Milizsoldaten anweist, zu gehen. Mme. Quentin nimmt mit Überraschung und Bewunderung zur Kenntnis, dass sich ein deutscher Wehrmachtsangehöriger in der Öffentlichkeit für einen Juden verwendet. François macht ihr klar, dass der Deutsche sie lediglich beeindrucken will. – Hartnäckig fragt Julien nach, ob es in der eigenen Familie keine Juden gebe. Mme. Quentin verneint. Auch wenn der Name einer elsässischen Verwandten »Reinach« jüdisch klänge, so sei diese streng katholisch. Sie beeilt sich zu versichern, dass sie persönlich nichts gegen Juden habe, außer gegen den sozialistischen Politiker jüdischer Abkunft Léon Blum, den man ohnehin am besten gleich aufhängen sollte.

37. Nach dem Essen gehen Mme. Quentin und ihre beiden Söhne durch das sonntäglich ruhige Städtchen. Mme. Quentin hat den Arm um Juliens Schulter gelegt. François schickt ein paar beschwipste deutsche Soldaten, die nach dem Weg fragen, in die falsche Richtung. Seine Mutter findet das gemein. Unvermittelt fragt François, was sie davon hielte, wenn er sich dem französischen Widerstand anschlösse. Mme. Quentin geht gar nicht ernsthaft darauf ein, sondern erinnert ihn daran, dass er sein Abitur machen solle. François protestiert: »Il y a des choses plus importantes …« (91,16 f.). – Aufgeschlossener zeigt sie sich gegenüber Juliens Plänen, später einmal als Missionar in den Kongo zu gehen. Sie ermahnt die Jungen, Mönche und Priester nicht lächerlich zu machen, schließlich seien sie es, die ihnen unter Opfern eine Ausbildung ermöglichten. Ihre beiden Söhne spielen die »Einsichtigen«. – Sonntäglich angezogen, kommt Joseph um die Straßenecke. Er versucht ein Mädchen fest-

zuhalten. Es befreit sich und wendet sich zum Gehen. Dabei wirft es Joseph einige wenig schmeichelhafte Ausdrücke zu. Joseph folgt dem Mädchen. – Mit einer Bemerkung kommt Mme. Quentin noch einmal auf Juliens Zukunftspläne zurück. Sie sähe es lieber, wenn er etwas Polytechnisches machte, so wie sein Großvater. François spöttelt, dass Julien den Priesterrock ohnehin nicht lange tragen würde. Er ließe sich viel zu sehr von seinen Gefühlen leiten, ganz so wie Joseph. Es kommt daraufhin zu einer kleinen Balgerei zwischen den beiden Brüdern. – Die Familie Laviron kreuzt ihren Weg. François ist ganz hingerissen von der hübschen Tochter. François schließt sich den Lavirons an. – Julien überrascht seine Mutter mit dem Gedanken, mit ihr nach Paris zurückzukehren. Sie ist einen Augenblick sprachlos. Dann nimmt sie ihren Jüngsten in den Arm.

38. Auf der Treppe des Internats trifft Julien, der einige Gläser Marmelade bei sich hat, auf Bonnet und einige Mitschüler. Bonnet macht kehrt und gesellt sich zu Julien. Er äußert sich charmant über Juliens Mutter. Dieser kommentiert das lediglich mit: »Elle est folle« (94,8). Bonnet glaubt zu wissen, dass Julien seine Mutter bereits zu Mardi-Gras wiedersehen wird.

39. Die Schüler haben sich im Esssaal des Internats zur wöchentlichen Filmvorführung versammelt. Julien und Bonnet sitzen am Tisch und laben sich an der Marmelade, die Julien regelmäßig von zu Hause erhält. Bonnet ist überrascht, als er hört, dass sich die Quentins in diesen Zeiten eine Küchen-

wenig schmeichelhafte Bemerkungen zuwerfen (zurufen): **lancer des remarques offensives**

gehilfin leisten können. Julien erwähnt beiläufig, dass sie die Marmelade mache. – Ein paar der älteren Schüler drängen sich an den Tisch. Auch Joseph setzt sich dazu, der argwöhnt, dass die beiden Jungen die Marmelade wegessen, die eigentlich für ihn bestimmt sein müsse. – M. Florent, der seine Geige gestimmt hat, und Mlle. Davenne spielen live zu einem Charlie-Chaplin-Stummfilm.[7] Alle haben einen Riesenspaß an Chaplins Clownerien. François, der seiner Klavierlehrerin die Noten umblättert, versucht sie zu küssen, die das nicht zulässt. – Négus, Bonnet und Julien starren in der Schlussszene des Films fasziniert auf die Freiheitsstatue in New York, die auf der Leinwand zu sehen ist.

40. Als Julien am nächsten Morgen aufwacht, stellt er fest, dass sein Laken nass ist. Er versucht die Peinlichkeit zu verbergen. Sagard, der auch schon wach ist, beobachtet ihn. Als Moreau kommt, um die Jungen aufzuwecken, hallt der Schlafsaal wider von Rufen der Schüler, die einen Kreis um Julien gebildet haben: »Quentin pisse au lit.« Wütend stürzt er sich auf den Anführer Sagard; alle beteiligen sich an der Balgerei. Bonnet hilft Julien nach Kräften.

41. Bei der Morgenwäsche vertraut Julien seinem neuen Freund an, wie er inmitten schönster Träume das Bedürfnis hat zu urinieren. Während er dann den Hosenschlitz aufmache, sei es auch schon passiert.

42. Es schneit. Die Schüler vergnügen sich mit Stelzen auf dem Schulhof. Sagard macht sich über Julien lustig (»Pisse-au-lit«; 99,6), der ihm wütend nachsetzt. – Aus der Küche hört man Lärm. Mme. Perrin läuft schimpfend hinter dem Küchenjungen her, den sie laut des Diebstahls bezichtigt.

Mit dem Rücken zur Wand schützt sich Joseph so gut er kann gegen die auf ihn eindrängende Frau. Pater Michel, der die Schüler beaufsichtigt, bringt Joseph in die Küche zurück. Er tadelt Mme. Perrrin für ihre unsensible Handlungsweise. Pater Jean beobachtet die Vorgänge vom Fenster seines Büros aus.

Verhöre und Josephs Entlassung

43. Im Büro von Pater Jean sind sieben Schüler versammelt, unter ihnen auch Julien und François. Der Internatsleiter hat unumstößliche Beweise, dass Joseph und alle jetzt im Büro anwesenden Schüler in Schwarzmarktgeschäfte verwickelt sind. Unumwunden bezichtigt er Joseph des Diebstahls und nimmt auch Mme. Perrin von wahrscheinlicher Mitbeteiligung nicht aus. Enttäuscht und voller Verachtung verurteilt er die Motive derer, die in solche Geschäfte verwickelt seien, weil sie die Gemeinschaft verrieten, in der das Teilen eine geradezu heilige Verpflichtung sei. François versucht den Sachverhalt klarzustellen, in dem es nicht um Stehlen und Geld, sondern um Tauschgeschäfte für Zigaretten gegangen sei. Das macht für Pater Jean keinen Unterschied, und wäre die Situation von Mme. Quentin nicht schon schwierig genug, so würde er ihn und Julien auf der Stelle aus der Schule werfen. Pater Jean erteilt allen verschärften Hausarrest und entlässt sie. – Auf dem Flur warten Pater Michel und Joseph. Der Küchengehilfe heult wie ein Schlosshund. Er ist entlassen worden

in Schwarzmarktgeschäfte verwickelt: **impliqué dans le marché noir**
Enttäuscht und voller Verachtung: **désappointu et plein de dédain**
Hausarrest: **retenue à la maison**

und weiß nicht, was er tun soll. Julien versucht ihn zu trösten. Trotz des Protestes von Joseph, der die Entscheidung ungerecht findet, bleibt Pater Jean hart. Dennoch scheint er Zweifel zu haben.

44. Bonnet geht in die Kapelle. Sie ist leer. Trotzig zieht er seine Mütze fest auf den Kopf. – Julien und einige andere Jungen aus der »Vierten« betreten die Kapelle. Sie haben Chorprobe mit Mlle. Davenne. Hinter ihnen erscheint Pater Hippolyte. Er ist überrascht, die Jungen in der Kapelle zu sehen. Boulanger und Babinot werden von ihm aufgefordert, die Kapelle für den Sonntag mit Blumen zu schmücken, die er mitgebracht hat. – Julien hat Bonnet entdeckt, der sich hinter einer Säule versteckt hält. Mlle. Davenne ruft ihren Chor zur Probe und stellt dabei fest, dass Bonnet fehlt. Julien erfindet rasch eine Ausrede für ihn: »Il est à l'infirmerie« (104,6).

45. Im Musikraum spielt Bonnet einen Boogie-Woogie auf dem Klavier. Er zeigt Julien, wie man mit der linken Hand den Rhythmus spielt. Julien hat Spaß daran und lernt schnell. Ein Fliegeralarm unterbricht sie. Man hört Sirenen, Stimmen und Geräusche von sich eilig nähernden Schritten. Julien und Bonnet verstecken sich hinter dem Klavier. Moreau sieht kurz in den Raum, ohne die beiden wahrzunehmen. Ohne sich um die Alarmvorschriften zu kümmern, nehmen Julien und Bonnet ihr Klavierspiel wieder auf.

Momente der Ausgelassenheit; wachsende Bedrohung

eine Ausrede erfinden: **inventer une excuse**

46. Julien und Bonnet stehen mitten im verschneiten Schulhof. In der Ferne hört man Bombeneinschläge und das Feuern der Flugabwehr. Die beiden Jungen sprechen über ihre Zukunft. Alles ist höchst ungewiss. Bonnet bekennt, dass er in ständiger Angst lebt.

47. In der Küche rösten Julien und Bonnet sich ein paar Kastanien. Beide sprechen über ihre familiäre Situation. Sie sind traurig, dass sie ihre Väter sehr lange nicht mehr gesehen haben. – Joseph kommt plötzlich in die Küche und macht sich an einem Schubfach zu schaffen, ohne Julien und Bonnet zu bemerken. Als Julien ihn anspricht, hat er schnell eine Ausrede parat und fragt seinerseits nach, was Julien in der Küche zu schaffen habe, ehe er rasch den Raum verlässt.

48. Im Schlafsaal herrscht Ruhe. Die Schüler schlafen bis auf Julien. Er liest Bonnet eine reizvolle Passage aus *Mille et Une Nuits* vor. Bonnet hört nicht zu. Trotz des erotischen Inhalts ist er eingeschlafen.

49. Der Mathematiklehrer M. Guibourg zitiert widersprüchliche Rundfunkmeldungen, die Radio London und Radio Paris von den Fronten verbreiten. Bonnet sieht Moreau eilig über den Hof ins Hauptgebäude laufen. Die Schüler haben ihre eigene Meinung zum Wahrheitsgehalt der Radiosender: Radio Paris ist deutsch und verbreite propagandistische Lügen. – Sagard, der seinen Blähungen laut freien Lauf ließ und mit Erlaubnis von M. Guibourg die Klasse verlassen hatte, wird von einem deutschen Soldaten zurückgebracht, der dann die Tür für Dr. Müller offen hält, den Gestapo-Chef von Melun. Dieser fragt ohne Umschweife nach »Jean Kippelstein«. Mr. Guibourg erklärt, dass es niemanden mit diesem Namen in der Klasse gebe. Julien wirft Bonnet einen kurzen Blick zu. Dr. Müller fängt diesen Blick auf und deutet ihn zutreffend. Er tritt vor Bonnet, der gefasst aufsteht. Dr. Müller lässt ihn abführen. Er wendet sich an die Schüler und lässt sie wissen, dass die Internatsleitung einen schweren Fehler gemacht habe, Juden unter falschem Namen in der Schule zu verstecken. Dr. Müller erklärt das Internat für geschlossen. Die Jungen haben zwei Stunden Zeit, ihre persönlichen Sachen zu packen. Danach sollen sie im Hof antreten. – Pater Michel versucht die aufgeregten Jungen zu beruhigen. Er sagt ihnen, dass Pater Jean denunziert und verhaftet worden sei, weil er drei jüdische Schüler (Bonnet, Dupré und Négus) vor dem Zugriff der Gestapo schützen wollte. Pater Michel lässt ein Gebet für sie und Pater Jean sprechen.

50. Julien hat seine Sachen zusammengepackt. François kommt ins Zimmer. Die beiden Brüder tauschen Neuigkeiten aus, u. a. dass Négus verschwunden ist, ebenso Moreau, und dass die Deutschen Flugblätter des Widerstands in Pater Jeans Büro gefunden haben. – Pater Hippolyte weist die Jungen an, sich im Esssaal zu versammeln. Begleitet von einem deutschen Soldaten, kommt Bonnet noch einmal zurück, um ein paar Kleidungsstücke zusammenzuraffen. Er wechselt einige Worte mit Julien. Während Bonnet seinem Freund einen Stapel Bücher überlässt, gibt ihm Julien *Mille et Une Nuits*. Der Soldat herrscht Bonnet an, sich zu beeilen.

51. Julien geht in das Krankenzimmer; er trägt sein Gepäck und das von Laviron. Aus einer Abseite, deren Tür man

kaum wahrnimmt, kommen Moreau und Négus hervor. Die beiden können nicht länger in ihrem Versteck bleiben. Von der Treppe her hört man Stimmen. Die Deutschen durchsuchen alle Räume. Moreau hat gerade noch Zeit, sich hinter einem Wandschrank zu verstecken. Négus, dem die vollkommen überraschte und verängstigte Schwester der Krankenstation eine Kompresse auf die Stirn drücken soll, legt sich rasch in ein Bett und zieht sich eine Decke über den Kopf. Während einer der beiden Deutschen Julien durchsucht, entdeckt der andere Négus. Sie führen ihn ab. Moreau, den die Soldaten nicht erwischt haben, will übers Dach fliehen und sich im Garten des Stifts verstecken.

52. Julien, der zusieht, wie Moreau über das Dach im Dunkel verschwindet, hört Stimmen und steht plötzlich Joseph und einem deutschen Soldaten gegenüber. Joseph beeilt sich zu versichern, dass es nur um die Juden gehe; Julien könne unbesorgt sein. Heftig verteidigt Joseph sodann seinen Verrat. Alles sei Pater Jeans Schuld; er hätte ihn, Joseph, nicht rauswerfen dürfen. Mme. Perrin habe viel mehr gestohlen als er selbst, und Julien solle nur nicht den Heiligen spielen. Immerhin befände man sich im Krieg.

Verhaftungen, Abschied für immer

53. Zusammen mit einigen Soldaten kommt Dr. Müller in den Hof des Internats, in dem die Schüler in Reih und Glied angetreten sind. Er inspiziert die Reihen und fragt nach weiteren jüdischen Mitschülern. Alle werden namentlich aufgerufen und müssen sich an der Wand neu aufstellen. Drei kleine Mädchen, die zur Beichte gekommen

heftig verteidigen: **défendre avec toutes ses forces**

sind, werden von deutschen Soldaten in den Hof gestoßen. Dr. Müller lässt sie gehen. Sodann hält er eine knappe Ansprache, in der er die Disziplin als die bedeutendste Tugend der Deutschen und das Fehlen derselben als das größte Manko der Franzosen herausstellt. Ferner erklärt er, dass die Deutschen nicht als Feinde der Franzosen gekommen seien, sondern um sie von den Juden zu befreien. Weitere Namen werden aufgerufen. Zusammen mit Négus, Bonnet und Dupré wird Pater Jean aus dem Gelände hinauseskortiert. Im Umdrehen ruft er seinen Schülern ein »Au revoir, les enfants!« zu, dem er ein »À bientôt« hinzusetzt. Zögernd antworten sie, erst vereinzelt, dann alle. – Bonnet sucht den Blick Juliens. Dieser macht einen Schritt nach vorn und hebt in einer kleinen Geste, Abschied nehmend, die Hand. – Eine (Erwachsenen-)Stimme teilt, aus einem Abstand von 40 Jahren, lapidar mit, dass Bonnet, Négus und Dupré in Auschwitz, Pater Jean in Mauthausen umgekommen seien. Das Internat sei im Oktober 1944 wieder geöffnet worden.

aus dem Gelände hinauseskortieren: **escorter de la cour**
den Blick(kontakt) suchen: **vouloir le regard de qn.**

3. Personen

Das Filmszenario zeigt mehrere Gruppen von Handelnden. Es sind dies die deutschen Besatzer auf der einen, Menschen der namentlich nicht genannten französischen Kleinstadt auf der anderen Seite. Bei den Deutschen handelt es sich um Soldaten und Männer der Gestapo. Sie sind ohne eigene Identität mit Ausnahme Dr. Müllers. Auch die Franzosen bleiben weitestgehend ›gesichtslos‹, soweit es sich um Personen außerhalb des Internats handelt, mit Ausnahme Mme. Quentins und des jüdischen Gasts im Restaurant »Le Cerf«.

Mehrere Gruppen von Handelnden, mit teilweise scharfen Abgrenzungen

Bei den Internatsangehörigen scheint es sich um einen geschlossenen Kreis zu handeln, der den Vorgängen in der Außenwelt erfolgreich widersteht. Die Menschen dort haben Namen und Gesichter. Gemäß Alter, Rolle und Funktion gibt es bei ihnen jedoch unterschiedliche Gruppierungen mit teilweise scharfen Abgrenzungen untereinander. Als Zielgruppe der Verfolgungen innerhalb und außerhalb des Internats nimmt der jüdische Teil der Bevölkerung eine Hauptrolle im Geschehen ein. Durch Jean Kippelstein (Bonnet) und durch die anderen eingeschleusten Schüler (Négus, Dupré) gewinnen sie Aussehen und Gestalt. Ihre Einzelschicksale versinnbildlichen das Schicksal ihres gesamten Volkes unter der Nazi-Herrschaft. Die im Internat lebenden Schüler und sein Personal bilden die zahlenmäßig größte Gruppe. Diese wiederum lässt sich in die Gruppe

mehrere Gruppen von Handelnden: **plusieurs groupes d'acteurs**

der Erwachsenen und der Kinder bzw. Jugendlichen unterteilen. Bei aller Unterschiedlichkeit sind die Personengruppen durch den Krieg und seine unmittelbaren Auswirkungen miteinander verknüpft. Julien, Bonnet, François und Joseph sind die jugendlichen Hauptfiguren des Films. Bei den Erwachsenen sind es Pater Jean, Mme. Quentin und Dr. Müller. Zeitweilig rücken auch andere Personen in den Vordergrund des Geschehens (Mme. Perrin, Pater Michel und Pater Hippolyte, Moreau und Mlle. Davenne). Sie spielen jedoch nachgeordnete Rollen.

Aus der Perspektive eines jugendlichen Protagonisten gesehen

Der Zuschauer nimmt, so wurde gesagt, das Geschehen weitestgehend aus **Juliens** Perspektive wahr. Er ist die Zentralfigur des Films. Aufmerksam und intelligent, ist er ein sensibler und verträumter Junge, der unter den widrigen und teilweise sehr unpersönlichen Bedingungen des Internatslebens leidet. Im Gegensatz zu seinem Bruder François liebt er seine Mutter, deren Nähe und mütterliche Wärme er braucht, aber nicht oft genug erfährt. In gewisser Weise ist Julien zu einem Einzelgänger geworden, der eine deutliche Distanz zu den Menschen und zu dem Geschehen um sich herum aufgebaut hat. Zwar beteiligt er sich an den »Ritterspielen« und den mitunter harten Raufereien der Gleichaltrigen, aber er lebt in einer anderen Welt. Sie wird durch Bücher und Träume bestimmt. »Je veux être missionnaire au Congo« (91,19 f.), sagt Julien im Gespräch mit seiner Mutter und François.[8] Der Zuschauer ahnt, wie einsam der feinfühlige Junge ist, der sich nichts mehr wünscht, als von all dem, was ihn bedrückt, unendlich weit entfernt zu sein. Er spürt, dass Bonnet ein Geheimnis mit sich herumträgt, das jenseits von Juliens Enttäuschung und seinem Leiden an den Zuständen im Internat liegt. Julien begegnet dem neuen Mitschüler zunächst sehr abwartend und misstrauisch, bis er dessen wahre Identität erkennt und begreift, dass dieser wie er selbst ohne wirkliche Bezugspersonen ist. In ihrer wachsenden Freundschaft finden Julien Quentin und Jean Bonnet den Ort des Vertrauens, dessen beide so sehr bedürfen (98,11–18). Auch Pater Jean erkennt die Besonderheit dieser wachsenden Freundschaft (45,11–13), ohne sie unter den gegebenen Umständen fördern und schützen zu können. – Die Rolle Juliens zu besetzen, war für den Regisseur ein langer und schwieriger Prozess. In Gaspard Manesse fand er die Idealfigur, wie sich bei den Probeaufnahmen in kürzester Zeit herausstellte: »Ich konnte mich eine Zeitlang zwischen ihm und einem anderen Jungen nicht entscheiden, aber Gaspard hatte etwas Besonderes: Er war wie Quecksilber, er war so lebhaft, so wach und jungenhaft-frech. Arrogant und schüchtern zugleich. Als wir mit dem Rollenlesen begannen, sah ich, dass er es war.«[9]

Juliens älterer Bruder **François** scheint zu seinen Eltern jede Verbindung verloren zu haben. Sein Vater existiert für ihn lediglich als ein Phantombild; für seine Mutter hat er kaum mehr als Verachtung übrig. Er verhält sich in allen Situationen nonchalant und ›überlegen‹. Die Spiele der Kleinen belustigen ihn, und auch Julien nimmt er nicht ganz ernst. Die Internatsregeln weiß er zu umgehen, und er be-

Ort des Vertrauens: **l'endroit de confiance**
Verachtung: **mépris**

wegt sich sehr ungeniert in einer selbstgeschaffenen ›Grauzone‹. Er gibt sich arrogant und zynisch, um sich vor den Jüngeren und den Mädchen als »Mann« zu beweisen. Seine ›Überlegenheit‹ ist jedoch nur scheinbar. Wie sein jüngerer Bruder leidet er unter den Verhältnissen des Krieges und an der Entfremdung von seinen Eltern.

Drei komplexe Figuren: Julien, Bonnet und Joseph

Es war für Louis Malle noch schwieriger als bei Julien, die Rolle **Jean Kippelstein / Jean Bonnet** adäquat zu besetzen. Aber auch für ihn fand er das ideale Pendant in Raphaël Fetjö, einem Jungen aus einer ägyptisch-israelischen Familie. – Jean Bonnet ist in allen Belangen ein guter und ernsthafter Schüler. Er hat von Beginn an keinen leichten Stand im Internat (13,3; 15,3; 20,20), zumal er wenig aus sich herausgeht. Unterstützung findet er nur bei Julien, aber auch dieser lässt ihn anfangs spüren, wie sehr jeder lernen muss, für sich allein zu sorgen. Bonnet ist im Innersten einsam und lebt unter der ständigen Angst, dass seine wahre jüdische Identität von den Nazis oder den Vichy-Kollaborateuren aufgedeckt wird. Neben den Patres ist es zunächst nur Julien, der sie Stück um Stück enthüllt (42,15–18; 52,11–13; 60,3–5; 62,10–63,11), ohne sie jemandem preiszugeben. Dabei wird Bonnet von Julien keineswegs schonend behandelt. In dem Maße, wie Julien jedoch an Bonnets Schicksal Anteil nimmt, vertraut sich ihm dieser an. Für eine kurze Zeit erfahren beide die Stärke und den Wert ihrer gewachsenen Freundschaft. Obwohl nie frei von Todesängsten, erfreut

Wert ihrer gewachsenen Freundschaft: **la valeur de leur amitié qui grandit** sich Jean zusammen mit Julien sogar einiger Momente unbekümmerter Ausgelassenheit, in denen er alle Schrecken vergisst (104,11–105,9). Welch unglaubliche Ironie und Tragik, dass dieser Jean Kippelstein, der nur in Ruhe gelassen werden möchte und nichts als leben will, einem doppelten Verrat zum Opfer fällt: dem durch den rachsüchtigen Küchenjungen und – ausgerechnet – dem durch Juliens entlarvenden Blickkontakt. Wortlos und gefasst lässt sich Jean Kippelstein von den Deutschen abführen.

Auch **Joseph** ist eine sehr komplexe Figur. Er ist der zwielichtige Dreh- und Angelpunkt der Schwarzmarktgeschäfte. In dieser Rolle sucht der den Anschluss an die beiden einflussreichsten Schüler des Internats, an Julien und François. Damit macht er sich jedoch auch zum Zielpunkt mutwilligen Spotts, rüder Attacken und verächtlicher Kommentare von Schülern und Erwachsenen in seiner Umgebung. Sein Verhalten führt zu seiner Entlassung, aber auch zu seiner blinden Rache, ausgerechnet an denjenigen, die am unschuldigsten sind. Bereits die Natur hat ihn benachteiligt. Joseph zieht ein Bein nach und ist mit Geistesgaben nicht gesegnet. Im Gegensatz zu den meisten Internatsschülern hat er keine wohlhabenden Eltern. Was diese ihren Kindern an Extrarationen trotz des Krieges regelmäßig zukommen lassen, muss er entbehren. Er besorgt es sich auf andere Weise – durch Stehlen und »Schwarzmarktgeschäfte«. Letztere sind harmloser Natur – in der Regel handelt es sich um Zigaretten, die er gegen Naturalien eintauscht –, untragbar im Internat, das Pater Jean großzügig, dennoch nach klaren

doppelter Verrat: **une double trahison**

ethisch-moralischen Prinzipien führt. Josephs fortgesetzte Zuwiderhandlungen und seine betont abfällige, zuweilen zynische Sprache machen ihn zu einer unangenehmen Erscheinung. Auf der anderen Seite gewinnt er die Sympathie des Zuschauers durch seine hilflosen Versuche, sich gegen die Erniedrigungen zu wehren und auf sich aufmerksam zu machen. Mit Bonnet und partiell mit Julien teilt er das Schicksal einer einsamen Kindheit und Jugend. Selbst sein verzweifeltes Bemühen mit Geld und ordentlicher Kleidung die Zuneigung eines Mädchens zu gewinnen, scheitert kläglich. Er erhält eine grobe Abfuhr und den Spott der beiden Quentins, die Zeuge des Vorfalls werden (92,12–17). – Seine Entlassung empfindet er als ungerecht: »Y a que moi qui trinque. C'est pas juste« (103,1), beklagt er sich bei Pater Jean. Seiner Eifersucht, seinem Rachetrieb und Hass folgend, denunziert er die Leitung des Internats bei der Gestapo. Er ist sich der Tragweite seines Handelns durchaus bewusst und reagiert kalt, als er glaubt sich verteidigen zu müssen. »Fais pas le curé, je te dis«, ruft er Julien zu. »C'est la guerre, mon vieux« (119 f.). – Für Wolfgang Ader ist Joseph »die eigentlich tragische Figur« des Films.[10] Der Küchengehilfe wird zum zentralen Bindeglied zwischen der »Außen- und Binnenwelt«.[11] Er rächt sich an der Seite der Starken für alles erfahrene Unrecht. Dabei macht er keine Unterschiede zwischen »Schuldigen« und »Unschuldigen«. Es ist eben Krieg, und der rechtfertigt jede Handlungsweise. Das Mitleid, das der Zuschauer in bestimmten Situationen für ihn empfinden mag, weicht jedoch Gefühlen der Ablehnung

eine einsame Kindheit und Jugend: **une enfance et jeunessse en solitude**
Bindeglied: **le lien**

und der Verachtung, als er zum primitiven Verräter wird. Durch Joseph schließt sich der Kreis, in dem alle in beinahe existenzialistischem Sinne unentrinnbar gefangen sind. Er ist die einzige Figur des Films, die Louis Malle erfunden hat.[12] Sie fügt sich jedoch bruchlos in die Erinnerungsbilder des Autors an das Geschehene und in die Reihe der übrigen Figuren ein. Louis Malle hatte beabsichtigt, Joseph zur Zentralfigur des Films zu machen. Obwohl er davon absah, hat das Geschehen des Films in der Gestalt des Küchenjungen, so wie er der Vorstellung des Regisseurs erwuchs, im Film einen bedeutenden Fokus gewonnen.

Männliche Zentralfigur: Pater Jean

Die Hauptfigur im Kreis der Erwachsenen dieses Films ist **Pater Jean**. Er leitet das Internat nach christlichen Grundsätzen der Vorurteilslosigkeit, Nächstenliebe und Mitmenschlichkeit. Materielle Werte verachtet er, weil sie das Herz und die Seele der Menschen verderben (81,8–13). Als Erzieher legt er Wert auf die Ausbildung der sozialen Kompetenz seiner Schüler. Er hat aber auch ein ausgeprägt politisches Bewusstsein und ist Mitglied der Résistance. Selbst wenn er keine Zweifel an seiner Berufung zum Priester hat, so weiß er um die Unvollkommenheiten auch dieses Berufs. Er gibt dies Julien deutlich zu verstehen: »Et c'est un fichu métier« (44,12 f.). In diesem Bewusstsein trifft er zwei folgenschwere Entscheidungen: Er betrachtet es als Menschen- und Christenpflicht, die jüdischen Schüler vor Verfolgung zu schützen, und nimmt

Erinnerungsbilder: **des images qui surgissent de la mémoire**
Fokus: **focalisation**
Vorurteilslosigkeit: **sans préjugés**

sie in sein Internat auf. Um die Normen aufrechtzuerhalten, für die er in seinem Internat eintritt, begeht er den Fehler, Joseph zu entlassen. Schon im Augenblick, in dem er diese Entscheidung trifft, weiß er, dass sie falsch ist und (möglicherweise) gegen ihn zurückschlägt. Er ist sich der Gefahr bewusst, in die er sich gebracht hat (103,3 f.). Bei seiner eigenen Verhaftung und der seiner jüdischen Schüler gibt er ein großes Beispiel von Mut, Opferbereitschaft und dessen, woran er im Leben glaubt. Sein »Au revoir, les enfants! À bientôt«, trostspendend und mit gottbefohlener Gelassenheit ausgesprochen, weist auf seinen Glauben an eine Diesseitigkeit, in der das Leben weitergeht, deutlicher jedoch auf eine Jenseitigkeit, in der es sich vollendet. Beim Entwurf dieser Szene hatte Louis Malle das Bild eines wirklichen Priesters – eines gewissen Pater Jacques – vor Augen, der sich nach der Pariser Judenrazzia im Juli 1942 aus dem Vélodrome d'Hiver[13] mit in den Tod führen ließ. Er wollte nicht anders behandelt werden als seine jüdischen Mitbürger, obwohl die Behörden ihn wegen seines Berufs zu schonen bereit waren.[14]

Mme. Quentin ist eine sehr attraktive Frau, die etwas Charmantes, Liebenswertes und ganz Natürlich-Unbekümmertes hat. Auf der anderen Seite erlebt der Leser sie als einfältig und ichbezogen. Wirken diese Wesenszüge gelegentlich auch erheiternd (84–85,20 ff.), so offenbart sich darin jedoch auch eine erschreckende Oberflächlichkeit ihres Denkens. Julien empfindet diese, ohne deshalb – im Gegensatz zu François – aufzuhören seine Mutter zu lieben. Zwischen beiden besteht eine starke innere Bindung, die in der bewegenden Szene vor der Rückkehr der Jungen ins Internat deutlich wird (8,7–15).[15] Um ihren Kindern wirkliche Liebe und Wärme zu geben, fehlt es ihr an selbstloser Hingabe und Zuwendung. Sie hat ihren eigenen opportunistischen Überlebensmechanismus entwickelt und hält an inhaltsleer gewordenen Äußerlichkeiten fest. Ihre politische Einstellung ist pro-pétainistisch, obwohl sie sich (und auch ihren Mann) freispricht, Vichy-Anhänger zu sein (86,11). Tief in ihrem Innern lehnt sie, wie die meisten der konservativen Angehörigen der Bourgeoisie in Frankreich, alles Jüdische ab, obwohl sie es heftig bestreitet. Aber weder den Kindern noch dem Zuschauer bleibt diese Doppelmoral verborgen, die sich in ihrem Denken und Handeln offenbart (90,3–14).

Aus der grauen Anonymität der deutschen Besatzungsmacht tritt nur die Person des **Dr. Müller** scharf profiliert hervor. Als der Gestapochef von Melun wird er relativ spät in das Geschehen eingeführt (110,18). Er verkörpert die maschinenmäßige Perfektion, die böse Intelligenz und den Ungeist der Nazis auf das Vollkommenste. Dr. Müller zieht die Schlinge zu, die bereits um den Hals der jüdischen Schüler gelegt ist. Scharfäugig und scharfsinnig deutet er den Blick Juliens im Sinne seines Verdachts (und Wissens) richtig (111,13). Unnachsichtig und ohne einen Augenblick zu zögern, ordnet er die Verhaftung der jüdischen Schüler an. Ein zweites Mal erlebt der Zuschauer Dr. Müller in der Schlussszene des Films als den kompromisslosen Nazi-Ideologen, der im Bewusstsein seiner Rolle und gestützt von der Macht des Apparates die Schüler über das Ziel und den Sinn seiner Aktion belehrt: »La discipline est la force du soldat allemand« (121,4 f.). Richtliniengetreu und in kalter Arroganz

Überlebensmechanismus: **des instincts pour survivre**

formuliert er die politisch-erzieherische Konsequenz für die Franzosen: »Vous devez nous aider à débarasser la France des étrangers, des juifs« (121,10–12).

Abschließend sollen hier einige der Nebenfiguren umrissen werden:

Mme. Perrin, die Köchin des Internats, ist alles andere als die ›gute Seele‹ der Truppe. In der Hierarchie der Mächtigen steht sie ziemlich weit unten, aber immerhin ist sie an einer Schaltstelle des Internats beschäftigt. Sie weiß alles und scheut sich nicht, dem flüchtigen Moreau, als dieser Négus vor der Verhaftung zu retten versucht, an den Kopf zu werfen: »Fichez-moi la paix. Vous allez tous nous faire arrêter« (115,16 f.). Mme. Perrin kontrolliert alles Lebenswichtige und hat ungehinderten Zugang dazu. Sie benutzt ihre Vorzugsstellung, um mit dem einfältigen Josef scharf ins Gericht zu gehen und sich durch Schwarzmarktgeschäfte persönlich zu bereichern. Dem Alkohol nicht abgeneigt, missbraucht sie das in sie gesetzte Vertrauen und trägt dazu bei, dass der Küchengehilfe Joseph zum Hauptsündenbock gemacht wird. – Neben den Lehrern des Internats tragen die beiden Geistlichen Pater Michel und Pater Hippolyte die Erziehungsverantwortung. Sie wissen, dass jüdische Schüler und Moreau im Internat versteckt werden. Unter den schwierigen Bedingungen sind sie nach Kräften bemüht, den Internatsleiter zu

Zahlreiche Nebenfiguren mit individuellem Profil

Hierarchie der Mächtigen: **hierarchie de ceux qui ont autorité sur la vie et la mort**
Vorzugsstellung: **position (sociale) privilégée**
nach Kräften bemüht sein: **faire tout ce qui est en son pouvoir**

unterstützen. – **Pater Michel** wird in zahlreichen Szenen des Geschehens gezeigt. Er ist freundlich, den Schülern sehr zugewandt und taktvoll. Nicht immer Herr der Lage, wird er von den Kindern nicht ganz ernst genommen. Trotzdem fühlen sie sich bei ihm gut aufgehoben. – Im Gegensatz zu ihm erkennt **Pater Hippolyte** rascher die Tricks und kleinen Ausreden der Schüler. Er reagiert zumeist scharf und scheint deshalb bei ihnen nicht allzu beliebt zu sein. In nur fünf Szenen ist er direkt Beteiligter. Beide ergänzen einander und bilden mit Pater Jean eine stabile Achse des Widerstandes.

In einer unglücklichen Zwischenrolle erleben wir **Moreau**, der sich dem Arbeitsdienst entzogen hat. Sein Schicksal gleicht dem der jüdischen Schüler. Auch ihm bietet das Internat Schutz und Versorgung, und er erteilt dafür den ›Sportunterricht‹. Immer fluchtbereit, reagiert er schnell und geschickt, als unverhofft französische Milizionäre im Internat auftauchen (54,7–10). Mit Mühe kann er sich dem Zugriff der deutschen Soldaten entziehen, als diese kommen, um die jüdischen Schüler und Pater Jean zu verhaften (117,5 f.). – In der Klavierlehrerin **Mlle. Davenne** haben die älteren Jungen ihr lebendiges ›Pin-up-Girl‹. Beim Absteigen vom Fahrrad zeigt die ansehnliche junge Frau ein wenig mehr von sich, als sie den Jungen zeigen dürfte, und nur ein kleiner Schrei (der Überraschung) ist von ihr zu hören, als François sich ihr im Halbdunkel des Kinos nähert. Es ist offensichtlich, dass ihr die Huldigungen der pubertären Schüler gefallen, die allerdings noch zu ›grün‹ sind, um von ihr wirklich für voll genommen zu werden.

die ansehnliche junge Frau: **la très belle jeune fille**

4. Struktur und Sprache

Das Film-Szenario baut sich aus 53 zumeist sehr knappen Bildszenen auf. In ihnen entwickelt sich die Haupthandlung (wachsende Freundschaft zwischen Julien Quentin und Jean Kippelstein). Dieses »Freundschaftsthema« kontrastiert mit einem »Hassthema«, dem Verrat der jüdischen Schüler durch den Küchengehilfen Joseph an die Gestapo. Das Thema der Freundschaft zwischen Julien und Bonnet wird allgemein als **das zentrale Thema** des Films angesehen. Louis Malle betont jedoch, dass der Film komplexer angelegt ist und dass er noch andere, ihm ebenfalls wichtige Themen exemplarisch aufgreift, die im Kapitel »Erstinformation zum Werk« bereits angesprochen worden sind.[16]

Zwei Hauptthemen: »Freundschaft« und »Hass«

Der **Hauptgeschehensort** ist das Internat, in dem sich alle Szenen mit Ausnahme von 1, 19, 20, 21, 29, 36 und 37 abspielen. Aber auch diese sind engstens mit dem Hauptgeschehensort und der Haupthandlung verknüpft. Die Schauplätze der Szenen wechseln beständig: Schlafsaal, Esssaal, Waschraum, Küche, Luftschutzkeller, Filmraum, Klassenzimmer, Musikzimmer, Kapelle, Krankenstation, Büro des Internatsleiters. Trotz kriegsbedingter Einschränkungen erweist sich das Internat als voll funktionstüchtig. Damit wird dieser Hauptschauplatz auf den ersten Blick zu einem Raum von Verlässlichkeit und Ord-

das zentrale Thema: **le thème principal**
Hauptgeschensort: **lieu primordial, lieu essentiel**

nung. Die Wirren der Besatzung und des Krieges bleiben zunächst ›draußen‹. Diese ›Ordnung‹ erweist sich jedoch als anfällig. Sie ist sowohl von innen als auch von außen in höchstem Maße gefährdet. Diese Gefährdung ist in zwei Momenten begründet: Im Inneren dieses abgeschirmten Raumes herrschen pubertäre Rivalitäten, Neid, Bosheit und Verrat. Sie behaupten sich als eine Art systemeigener Subkultur gegen den eigentlichen Geist des Internats als einer Stätte praktizierten Christentums, das Gestalt gewinnt durch die Aufnahme von jüdischen Schülern und Männern des französischen Widerstands. Von außen ist das Internat zeitweilig durch Bombardements, durch die Präsenz der deutschen Besatzer und die Vichy-Kollaborateure bedroht.

Das Geschehen erstreckt sich über einen Zeitraum von nur wenigen Monaten (Winter 1944). Es setzt nach den Weihnachtsferien mit der Rückreise der Schüler, unter ihnen Julien und François Quentin, in das Internat außerhalb von Paris am 3. Januar 1944 ein; es endet mit der Verhaftung Pater Jeans und der im Internat versteckten jüdischen Schüler. Dies geschieht etwa zu Ostern, wie dem Kontext des Geschehens zu entnehmen ist. Vage Zeitangaben, die darauf hindeuten, enthalten die Szenen 34 (82,14) und 38 (94,9 f.).

Abgestufte Entwicklungsphasen

Das »Freundschaftsthema« nimmt in der 4. Szene seinen Anfang, in der Jean Kippelstein Juliens Klasse als »Bonnet« vorgestellt wird.

die (Alltags-)Ordnung ist gefährdet: **la routine est en danger**

Er ist einer von drei jüdischen Jungen, die im Internat vor der Gestapo versteckt werden. Über verschiedene Phasen der Annäherung (17., 24., 27., 29., 35., 40., 41., 44. Szene) gewinnt die Freundschaft zwischen Julien und Bonnet festen Boden. Ihren Höhepunkt erreicht sie in der 45.–47. Szene. In der 49. Szene bricht sie abrupt auseinander, als die Gestapo die jüdischen Schüler verhaftet. – Daneben baut sich das »Hassthema« über verschiedene Stationen auf (9., 23., 42., 43. Szene), in denen der Küchengehilfe Joseph schließlich zum Verräter wird (52. Szene). – Ein weiteres Thema des Films ist das der sehr gespaltenen Mutter-Sohn-Beziehung (Mme. Quentin – Julien, Mme. Quentin – François). Dieses Thema bleibt jedoch im Hintergrund.

Die wachsenden Unstimmigkeiten zwischen der deutschen Besatzungsmacht und dem Vichy-Regime bilden den zeitgeschichtlichen Hintergrund für das Geschehen. An den Kriegsfronten verschiebt sich die Lage allmählich zum Vorteil der Alliierten. Der Belagerungsring der Deutschen um Leningrad ist gesprengt (21. Januar 1944), und die Amerikaner stehen vor der großen Schlacht bei Monte Cassino (15. Februar – 13. Mai 1944). Das Szenario nimmt nur an wenigen Stellen konkret auf diese Ereignisse Bezug (36., 49. Szene). Der Krieg und die Besatzungszeit beherrschen die Gedanken der Schüler und sind Gegenstand vieler ihrer Gespräche. Zum selbstverständlichen Erscheinungsbild im Städtchen gehört die Anwesenheit deutscher Soldaten, durch die eine ganze Reihe von Szenen geprägt ist. In ihnen steigert sich die Intensität ihrer An-

Phasen der Annäherung: **des phases de rapprochement**

wesenheit von beobachtender Zurückhaltung bis zu kompromissloser und drastischer Aktion (7., 19., 20., 29., 36., 49., 50., 51., 53. Szene).[17]

Zurückhaltende Beobachterrolle Juliens

Zwei Gestaltungsmittel bestimmen im Wesentlichen den Film: die stark zurückgenommene und abwartende Beobachterrolle Juliens, mit dessen Augen der Zuschauer die Vorgänge verfolgt, und eine entsprechende Kameraführung, bei der halbnahe Einstellungen dominieren. Durch beide Stilmittel setzt Louis Malle den Zuschauer in einen objektivierenden Abstand zum Geschehen, den er auch selbst konsequent bis zum Schluss wahrt. – Die Dialoge sind knapp und realistisch. Jeder Sprecher hat dabei sein unverwechselbares Idiom. Prägnante Regieanweisungen leiten die einzelnen Szenen und Situationen ein. Der Film vermittelt sie durch eine ruhige Halbtotale. Der Zuschauer sieht durch sie, was auch Julien sieht. – In unaufdringlicher Weise operiert der Film mit zahlreichen Symbolen (Jesus-Vergleich, Kommunion, »Tausendundeine Nacht«, Freiheitsstatue). Der vorherrschende Farbton ist grau. Die dunkle Jahreszeit (Winter) bildet eine Entsprechung zur Atmosphäre des Krieges, der das Leben aller verdüstert.

Objektivierender Abstand zum Geschehen

Der Film schließt mit der lapidaren Mitteilung durch eine Erwachsenenstimme – der des Autors/Regisseurs – aus dem »Off«. Der Zuschauer erfährt, dass die drei jüdischen

Gestaltungsmittel: **des moyens de créer**
objektivierender Abstand: **une distance qui permet l'objectivité**

Schüler in Auschwitz und Pater Jean in Mauthausen umgekommen sind. Erst hier verlässt Louis Malle seinen neutralen Posten und rückt sich selbst in die Reihe der unmittelbar Betroffenen: »Plus de quarante ans ont passé, mais jusqu'à ma mort je me rappellerai chaque seconde de ce matin de janvier« (123).

5. Interpretation

Sucht man neben dem Thema der Freundschaft und des Hasses, neben dem der verlorenen Kindheit und der geschwundenen Illusionen, neben dem der Verlorenheit und des Fremdseins in der Welt (Julien, Bonnet) nach weiteren umfassenden und deshalb zentralen Themen und Motiven, so sind es die um die ›Angst‹ und die ›Omnipräsenz des Bösen‹ kreisenden Themen, die den Film durchziehen. Diese heben wir, wie zu Anfang angekündigt, in unserer Interpretation hervor.

Motivkette Angst – Gewalt – Hass – Leid – Tod

Das Motiv der **Angst** verbindet sich mit den Motiven der **Gewalt** (psychische und physische Gewalt in unterschiedlichster Gestalt im Internat, außerhalb des Internats), des **Hasses** (Joseph; Rassenhass der Nazis), des **Leids** (Bonnet und Julien) und des **Todes** (Krieg, Konzentrationslager). Sie alle wiederum sind Ausdruck des Bösen an sich oder werden durch das Böse verursacht, dem sich in diesem Film niemand entziehen kann. Alle Personen sind gleichermaßen Opfer einer Zeit, in der für Mitmenschlichkeit wenig Raum geblieben ist. Es sind diese Momente und Auswirkungen einer vorherrschenden Präsenz des Bösen, die es dem Betrachter (Leser) zunächst schwer machen, eine positive Botschaft aus dem Film abzuleiten, der von Beginn an von einer düsteren Atmosphäre durchzogen wird, in die das unheilvolle Ende zwingend eingebettet ist.

Angst, Gewalt, Hass, Leid, Tod: **peur, violence, haine, souffrance, mort**

Angst ist das auffälligste Motiv, das in unterschiedlichster Weise zum Ausdruck kommt: Angst vor dem Alleinsein (Julien, Bonnet); Angst der Kinder vor den Vorturteilen anderer; Angst vor Niederlagen und Verlusten; Angst vor Strafen (Joseph); Angst vor den Soldaten und der Gestapo (Kinder, Internatsleitung, Moreau). Diese Ängste werden entweder durch Übermut und Zynismus heruntergespielt, kompensiert (François) oder vorübergehend durch Vertrauens- bzw. Freundschaftsbündnisse überwunden (Bonnet, Julien, Pater Jean). Die Geländespielszene (29), in der sich das Angstmotiv steigert und geradezu atemlos verdichtet, ist eine Schlüsselszene des Films (Verfolgung, Juliens Alleinsein, Begegnung mit dem Wildschwein, deutsche Soldaten; 29,67 ff.). Gemeinsam überwinden Bonnet und Julien die Angst, wobei die ›Rettung‹ durch die deutschen Soldaten für beide, in ganz besonderer Weise für Bonnet, noch einmal zu einer Lebensbedrohung wird: »Deux Allemands le rattrapent, leurs Mauser pointés sur lui. Ils rient quand ils voient cet enfant à terre qui les regarde, terrorisé« (72,1–3).

Gewalt, Hass, Leid und Tod – in dieser Viererkette setzt sich das Motiv der Angst fort, wobei sich das Böse immer eindringlicher manifestiert. **Gewalt** kommt dabei in unterschiedlichsten Facetten zum Ausdruck. Sie zeigt sich als körperliche und verbale Attacken bei den Spielen der Jungen (etwa das 8. Kapitel des Szenarios), weiterhin im rücksichtslosen Verfolgen egoistischer Ziele von Einzelnen auf Kosten der Gemeinschaft (z. B. das 10. Kapitel des Sze-

Schlüsselszene: **scène-clé**
körperliche und verbale Attacken: **des attaques physiques et verbales**

narios). Der Krieg setzt darüber hinaus raumgreifende Zeichen und Brandmale von Gewalt. – **Hass** wird bei den Jugendlichen des Internats, die einander teilweise scharf ablehnen, in verschiedenen Momenten offenbar. Aus seinem ewigen Getretensein entwickelt Joseph Hassgefühle gegen jedermann. Die Nazi-Ideologie hat selbst in den einfachen Soldaten ein Hasspotenzial aufgeladen, das sie ungehemmt zeigen. – Es ist darum nur eine logische Konsequenz, dass in der Welt, in der die Filmhandlung spielt, jedermann **Leid** zugefügt wird. Im Internat leiden die Jüngeren unter der Gleichgültigkeit und Rohheit der Älteren. Joseph fühlt sich erniedrigt und getreten. Er leidet unter dem Ausgegrenztsein und unter dem Makel ein Halbkrüppel zu sein. Für Bonnet fällt alles Leiden mit der Tatsache zusammen, dass er Jude ist. Julien selbst trägt hart an seiner Einsamkeit und der fehlenden Liebe seiner Mutter.

Das beherrschende Motiv des Films ist das der Allgegenwärtigkeit des **Todes**. Vom Filmende (53. Kapitel) her ist zu erkennen, dass die Nähe des Todes das Geschehen bis zu seinem Höhpunkt nahezu permanent begleitet. Vorbereitet wird dieser Höhepunkt in einer ganzen Reihe von Szenen mit tödlicher Bedrohung. Verdeckter kommt das Motiv zum Tragen in der Erkenntnis der und in der Besinnung auf die Vergeblichkeit, dem Leben unter den gegebenen Umständen einen Sinn zu geben. Tatsächlich scheitert die Sinngebung eines jeden an der Realität des Todes: Pater Jean scheitert, wenngleich seine Maßnahme den Normen der Menschlichkeit und seines priesterlichen Gelübdes genügen. Sein Internat wird geschlossen, und damit verliert die

Nähe des Todes: **proximité de la mort**

Welt einen kleinen Hort der Menschlichkeit, selbst wenn dieser in Teilen zweifelhaft und sehr fragil ist. – Mme. Quentin lebt in der Welt ihrer Illusionen ohne erkennbaren Lebenssinn. Sie wirkt wie bereits abgestorben. – Für Joseph erfüllt sich keiner seiner Wünsche, und selbst in seinem Verrat liegt nur ein momentaner Triumph. – Juliens und Bonnets Freundschaft wird definitiv zerstört; sie lässt sich nicht erneuern. Der Tod Bonnets im Konzentrationslager macht dies unmöglich. – Auch wenn nicht jeder im Konzentrationslager endet, so erleiden alle, die das Schicksal für eine bestimmte Zeit so eng aneinander geschweißt hatte, den Tod, dem Pater Jean und die jüdischen Schüler faktisch entgegengeführt werden, auf die eine oder andere Weise mit. – Während des Geländespiels sagt Julien zu Boulanger: »Et dans quarante ans …« (68,2 f.): In 40 Jahren werde die Hälfte von ihnen tot und begraben sein, und er ist ein wenig verwundert über sich selbst, dass nur er an so etwas denkt, denn er fährt zu Bonnet gewandt fort: »Y a que moi qui pense à la mort dans ce collège« (68,8–10). Hier irrt Julien, denn Bonnet ist in einem beständigen Dialog mit sich selbst über sein Leben und noch viel mehr über den Tod.

Dass es gerade die beiden jugendlichen Hauptfiguren des Films sind, in deren Gedanken und Empfindungen wir mit dem Thema des Todes essentiell konfrontiert werden, erlaubt es, diesen Film als Ausdruck von Louis Malles mit seinen Kindheitserlebnissen belasteter Weltsicht zu deuten, die er mit zunehmender Lebenserfahrung differenziert und künstlerisch zu verbreiten trachtete. Seinem

in einem Dialog mit sich selbst: **en parlant tout seul (avec soi-même)**

Koalitionen der Stärke gegen das Böse und gegen die Unmenschlichkeit

Trauma des »Verrats« setzt er in diesem Film mit Hoffnungen und Koalitionen des Vertrauens und der Stärke eine positive und vorbehaltlich optimistische Sichtweise entgegen, so in dem Freundschafts- und Vertrauensbündnis von Bonnet, Julien und Pater Jean. Das Bündnis ist stark genug, den Widrigkeiten im Internat und eine Zeit lang auch dem Zerfall der Werte durch die Brutalitäten des Krieges zu trotzen. Vertrauen und Freundschaft stehen gegen Hass und Gewalt, können sich hier aber nicht siegreich behaupten. Dabei zeigt gerade dieser Film, wie stringent »bewusste«, aber auch »unterlassene Handlungen«[18] aller Beteiligten wirken und auf sie zurückwirken: sei es Mme. Quentins Doppelmoral und ihre Oberflächlichkeit (sie verliert die Achtung und den Respekt ihrer Kinder); Josephs niederträchtiger Verrat (er zerstört das Leben vieler Menschen); Pater Jeans Entscheidung, die jüdischen Schüler aufzunehmen, aber auch die, Joseph wegen seiner Unzuverlässigkeit zu entlassen (dadurch gefährdet Pater Jean sich und seine Umgebung); oder Juliens Bemühen, Bonnets Identität aufzudecken, seine Freundschaft zu gewinnen und diesen seiner Freundschaft zu versichern (Blickkontakt). Als eindringliche Botschaft dieses Films lässt sich daraus ableiten, dass wir uns unserer Handlungsweisen immer wieder neu vergewissern und uns ihrer Auswirkungen bewusst sein sollten.

Koalitionen des Vertrauens und der (moralischen) Stärke: **des coalitions de confiance et pouvoir morale**
Handlungsweisen: **des manières d'agir**

Über sein Selbstverständnis als Filmemacher sagte Louis Malle einige Jahre vor seinem Tod: »Schließlich, so denke ich, hatten alle meine Filme etwas mit dem zu tun, wo ich gerade in meinem Leben stand. Das Medium begeistert und erregt mich immer noch. Filmmachen ist unglaublich schwierig, und es enthüllt so vieles, das man gleichzeitig unter Kontrolle haben muss. Ich liebe den Gedanken, dass ich immer besser werde in dem, was ich tue, aber es gibt immer noch etwas zu verbessern. Nach all diesen Jahren bemühe ich mich, noch mehr über dieses Medium zu lernen und neue Möglichkeiten zu finden. Je länger ich lebe, desto weniger Vertrauen habe ich in Ideen, und umso mehr vertraue ich den Gefühlen.«[19]

Au revoir, les enfants ist ein Film, dem eine starke Idee zu Grunde liegt. Seine Wirkung beruht aber auf den Gefühlen, die Louis Malle ihm mitgab, und die sich dem Zuschauer mitteilen. Es sind dies vor allem Hoffnung, Liebe zum Menschen und ein hohes Maß an Verantwortung gegenüber dem Leben.

Appell an unser ethisch-moralisches Bewusstsein und an unsere Verantwortung gegenüber dem Leben

6. Autor und Zeit

Louis Malle wurde am 30. Oktober 1932 in Thumeries (Nordfrankreich) als Kind einer wohlhabenden, gutbügerlichen Familie geboren. Die Vorfahren Louis Malles hatten in Thumeries eine Zuckerfabrik aufgebaut, die sich bis zum Beginn des Zweiten Weltkrieges zu einem stattlichen Unternehmen entwickelte. Die Kriegs- und Besatzungszeit durch die Deutschen erlebte Louis Malle, wie bereits erwähnt, überwiegend als Internatsschüler in der Nähe von Paris. – Entgegen dem Wunsch seiner Eltern, politische Wissenschaften zu studieren, nahm Louis Malle nach dem Krieg ein Studium am *Institut des Hautes Études Cinématographiques* auf. Neben Musik und Literatur war der Film seine dritte große Leidenschaft. Es war aber zunächst mehr die Literatur, die ihn begeisterte, vor allem waren es die Theaterstücke Becketts und Ionescos, die ihn anregten und beflügelten.[20] Louis Malle entwickelte sein künstlerisches Profil in einer Zeit, als die Wunden des Zweiten Weltkrieges auch in Frankreich allmählich vernarbten. Die Vergangenheit war für ihn jedoch keineswegs abgeschlossen. Zwar galt es neue Herausforderungen der Zeit zu bestehen und zu überstehen, doch gab es für ihn noch eine Reihe schwerer, unbewältigter »Altlasten«, die in seiner künstlerischen Entwicklung feste und wiederkehrende Programmpunkte wurden.

Frühe Leidenschaften: Theater und Literatur

Bereits nach dem ersten Studienjahr wurde Louis Malle von dem heute weithin bekannten Meeresforscher Jacques Cousteau als Kameramann für Unterwasserauf-

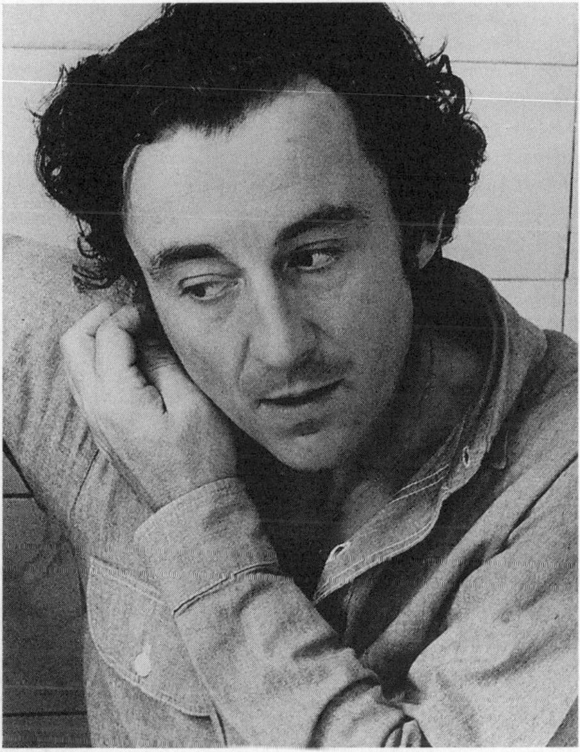

Louis Malle

nahmen gewonnen. Es war eine Aufgabe, für die er keineswegs Erfahrungen mitbrachte, aber den Schneid und eine positive Einstellung. Das Wagnis wurde belohnt. Nicht nur, dass er drei Jahre Gelegenheit hatte, Ungewöhnliches zu erleben und zu lernen. Cousteaus Film *Le Monde du Silence* wurde 1956 in Cannes mit der Goldenen Palme ausgezeichnet. Louis Malle war erst dreiundzwanzig und plötzlich in aller Munde. Nach seiner Rückkehr begann er eigene Filme zu schreiben, zu drehen und zu produzieren. Er arbeitete eine kurze Zeit auch für Jacques Tati und Robert Bresson, zwei bedeutende französische Filmemacher der Zeit.

Mit dreiundzwanzig ein bekannter Kameramann

Einen sensationellen Erfolg feierte Louis Malle dann im Jahr 1958 mit seinem ersten eigenständig produzierten Film, *L'Ascenseur pour l'échafaud.* Ihm folgten rasch weitere Erfolgsfilme. Der Filmemacher war sehr darauf bedacht, sich selbst nicht zu wiederholen und keine Routine aufkommen zu lassen, das seiner Fantasie und Vielseitigkeit im Wege stehen könnte. Seine Doppelbegabung als Dokumentarfilmer und Regisseur von Spielfilmen war bereits in seinem ersten Film zu erkennen und ebenso seine Vorliebe für Themen, in denen sich die Konflikte und Bruchstellen der Gesellschaft widerspiegeln. Filmbesessen, wie er war, übernahm Louis Malle, als sich ihm 1958 eine Gelegenheit dazu bot, eine

Doppelbegabung: Dokumentarfilmer und Regisseur

Konflikte und Bruchstellen der Gesellschaft: **des conflits et des ruptures de la société**

Filmgesellschaft (»Nouvelles Editions de Film«). Sein jüngerer Bruder Vincent wurde einer seiner Partner, der bei zahlreichen Filmen als Koproduzent mitwirkte. Mit dem Spielfilm *Le feu follet* schloss Malle 1963 den ersten Abschnitt einer sehr unabhängigen und erfolgreichen Karriere als Filmregisseur ab. Ebenso viel Zeit wie in Paris verbrachte der Filmkünstler während dieser Jahre in seinem Landhaus in Lugagnac, einem Städtchen im Südwesten Frankreichs, das ihm zu seinem privaten und schöpferischen Retiro wurde, in dem er sich häufig auch mit Freunden traf, unter ihnen Regisseure, Schauspieler, Drehbuchautoren und Produzenten.

Im Spätsommer 1967 wurde Louis Malle vom Außenministerium gebeten, in Indien eine Reihe französischer Filme vorzustellen und zu kommentieren. Aus einem geplanten zweiwöchigen Aufenthalt wurde ein zweimonatiger. Vorübergehend kehrte Malle nach Frankreich zurück. Er war fasziniert von Indien, wohin er unbedingt zurückwollte, um einen Film über Land und Leute zu drehen. Unter teilweise schwierigen Bedingungen entstanden zwei Filme über Indien, die nicht dem entsprachen, was man unter »Touristenwerbung« für eine Region, für ein Land verstehen würde. *Calcutta*, das erste Filmprojekt, zeigte das wahre und faszinierend-widersprüchliche Gesicht der indischen Großstadt, und in der siebenteiligen Serie *L'Inde fantôme* differenzierte der Regisseur seine Eindrücke des Landes in kritisch objektivierender Sicht weiter aus. Es ging ihm nicht um das Indien der modernen Atomreaktoren und der touristischen Großattraktionen, sondern auch hier um die un-

Enttabuisierungen

geschminkte Wirklichkeit. Die Filme wurden in Indien nicht gezeigt, weil die Offiziellen solche Bilder ihres Landes nicht auf der Leinwand verbreitet sehen wollten. In Europa waren die Reaktionen zunächst zurückhaltend. Dann, 1969, erfuhr Malles Film aber heftigste Reaktionen aus der indisch-englischen Gesellschaft. Er selbst war beinahe ein Geächteter. In den USA hingegen gewannen die Indien-Filme ihm ein breites Publikum und den Ruf eines Kult-Regisseurs. – Wieder nach Frankreich zurückgekehrt, setzte sich Louis Malle nach seinem ›indischen Abenteuer‹ in zwei bedeutenden Spielfilmen kritisch und sehr eigenwillig mit gesellschaftlichen Tabuthemen auseinander, in *Le souffle au Cœur* (1971) und *Lacombe Lucien* (1973).

1977 brach Louis Malle in die USA auf, das Traumland für jeden Filmemacher. Amerika hielt ihn für mehr als 10 Jahre in seinem Bann. Neben Dokumentarfilmen drehte er dort eine Reihe von Spielfilmen, die ihm viel Anerkennung brachten (*Pretty Baby, Atlantic City*).

Nach Frankreich zurückgekehrt, erreichte Louis Malle 1987 einen Höhepunkt seines Filmschaffens mit ***Au revoir, les enfants,*** wofür er zwei Oscar-Nominierungen erhielt. In der Filmkomödie *Milou en Mai* (1989) ging Malle noch einmal ironisch-kritisch auf ein politisch-gesellschaftliches Thema ein, diesmal auf die Studentenunruhen des Jahres 1968 in Paris. Mit einer Adaptation von Tschechows Bühnenstück »Onkel Wanja«, *Vanya on 42nd Street* (1994), schloss Louis Malle sein erfolgreiches

Tabuthemen: **des thèmes tabous (sacrés)**

Filmwerk ab. Er starb am 23. November 1995 an Krebs, noch ehe er ein lang gehegtes Projekt realisieren konnte, einen Film über Marlene Dietrich. Im Bewusstsein der Filmwelt lebt Louis Malle als ein äußerst vielseitiger, subtiler und innovativer Künstler, in einer Reihe mit anderen Großen seiner Generation.

Hauptwerke

1957 *L'Ascenseur pour l'échafaud*
1958 *Les Amants*
1960 *Zazie dans le Métro*
1961 *Vie privée*
1962 *Vive la Tour* (doc)
1963 *Le Feu follet*
1964 *Bons baisers de Bangkok* (doc)
1965 *Viva Maria*
1967 *Le Voleur*
1968 *Calcutta* (doc)
1969 *L'Inde fantôme* (doc)
1971 *Le souffle au Cœur*
1974 *Lacombe Lucien*
1975 *Black Moon*
1976 *Close Up* (doc)
1978 *Pretty Baby*
1980 *Atlantic City*
1981 *My Dinner with André*
1983 *Crackers*

ein innovativer Künstler: **un artiste bien innovative**

1985 *Alamo Bay*
1986 *God's Country* (doc)
1987 *The Pursuit of Happiness* (doc)
Au revoir, les enfants
1989 *Milou en Mai*
1992 *Damage*
1994 *Vanya on 42nd Street*

7. Rezeption

Etwa um 1955 entwickelte sich in Frankreich eine Stilbewegung, die unter dem Namen »Nouvelle Vague« in die Filmgeschichte eingegangen ist. Louis Malle, damals gerade Anfang dreißig, war in der Filmwelt kein Unbekannter mehr. Mit seinem ersten bedeutenden Film *L'Ascenseur pour l'échafaud* fand er aber erst zwei Jahre später als Filmschaffender Anerkennung. Die Nouvelle Vague, der er sich anschloss, wandte sich gegen die inhaltliche und formale Simplizität von Filmen, vor allem gegen die gewohnten Formen der Produktion, letztlich gegen den kommerziellen Film. Mit dieser Richtung verbinden sich Namen von Regisseuren wie Claude Chabrol, Jean-Luc Godard, Jacques Rivette, Eric Rohmer oder François Truffaut. In ihren Filmen verwendeten diese Regisseure eine neue Schnitttechnik, warteten mit überraschenden surrealistischen Bildern auf und filmten mehr auf der Straße als in aufwändig hergerichteten Studios. Ganz anders als bis dahin war auch ihr Selbstverständnis. Sie wollten nicht länger Angestellte einer Produktionsgesellschaft sein, sondern unabhängige, kreative Gestalter, die ihren eigenen Stil entfalteten und vertraten. Das erschien ihnen nur möglich in der Personalunion als selbstständiger Autor und Regisseur. Die Arbeit am Drehbuch, an Inszenierung und Montage sollte aus einem Guss, die Filme individueller und die Themen ›erlebt‹, d. h. authentisch sein. Im Ausland fand dieses Konzept bald begeisterte Nachah-

inhaltliche und formale Simplizität: **la simplicité des contenus et formes traditionels**

mer, so in Deutschland im sogenannten Autorenfilm. Rainer Werner Fassbinder, Werner Herzog und Wim Wenders galten als die drei herausragenden Vertreter dieses neuen Filmschaffens. Mitte der 60er-Jahre hatte sich die junge Bewegung in Frankreich indessen bereits erschöpft, nicht zuletzt, weil sie ihren eigenen Anspruch, beständig mit Innovativem aufzuwarten, nicht durchhalten konnte. Dennoch stieß die Nouvelle Vague viele junge Regisseure an. Louis Malles frühe Filme sind eine exakte Umsetzung dieser Kunstauffassung. Auch in *Au revoir, les enfants* sind noch viele inhaltliche und formale Details aus jenem lebendigen und schöpferischen Jahrzehnt realisiert.

Meilenstein der Filmgeschichte

Zahlreiche Kritiker bekannten, dass *Au revoir, les enfants* nach einer Reihe sehr schwacher Filme so etwas wie einen Meilenstein in der Geschichte des französischen Films und in Louis Malles eigenem Schaffen darstelle. Entsprechend häufig wurde *Au revoir, les enfants* bei bedeutenden filmkritischen und filmwürdigenden Anlässen ausgezeichnet. Nur einige der Preise seien erwähnt: 1987 gewann Louis Malle für sein Filmwerk den »Goldenen Löwen«. Ein Jahr später wurde *Au revoir, les enfants* bei der Verleihung des »César« siebenmal ausgezeichnet. Ebenfalls 1988 wurde er bei der »Oscar«-Verleihung als bester fremdsprachiger Film und als bestes Original-Drehbuch nominiert, und für das beste Drehbuch erhielt Louis Malle auch im selben Jahr den Europäischen Filmpreis. 1990 wurde Louis Mal-

Ehrungen und Auszeichnungen

die junge (moderne) Bewegung: **l'évolution des idées très modernes**
Meilenstein: **borne milliaire**

les *Au revoir, les enfants* der »London Critics Circle Film Award« als dem besten fremdsprachigen Film des Jahres zugesprochen. Auch der materielle Erfolg dieses Films lässt sich an einigen Zahlen ablesen: Im Jahr 1987 spielte er in der Bundesrepublik Deutschland einen Brutto-Reingewinn von umgerechnet 1,76 Mio. Euro ein. In den USA waren es im selben Jahr gar 4,54 Mio. US-Dollar.[21]

8. Dossier pédagogique

Dans ce dossier nous ne voulons pas vous diriger, mais plutôt vous offrir quelques suggestions pratiques et créatives qui vous aideront à bien comprendre et analyser le scénario du film *Au revoir, les enfants.* Vous n'êtes pas obligé(e)s, ni en classe, ni dans vos études privées, de les suivre du commencement jusqu'à la fin. Choisissez ce que vous aimez particulièrement et, surtout, soyez créatifs vous-mêmes. Il y a dix thèmes différents (A–J), chacun avec plusieures tâches.

A. L'atmosphère sous l'occupation

- Lisez et rassemblez les événements qui avaient lieu en France sous l'occupation allemande.
- Identifiez quelques-uns de ces événements qui sont reflétés dans le scenario, en référant au texte ou au chapitre 2 (Inhalt).

B. Fascisme

- Comment est-ce que les Allemands sont charactérisés dans le film?
- Rassemblez des scènes/situations où ils démontrent une certaine brutalité et cruauté.
- Analysez les paroles de Muller.
- Discutez l'absurdité de son/leur rascisme.

C. Des problèmes de la jeunesse

- Est-ce que vous vous souvenez des incidents et des moments dans votre jeunesse qui étaient extrèmement essentiels pour vous?
- Est-ce que vous vous souvenez des moments dans votre vie où vous vous sentiez solitaire?
- Identifiez des scènes où Julien est ni enfant, ni adulte. Trouvez des parallèles avec votre vie.

D. Bonnet et Julien; Père Jean

- Faites les portraits de Bonnet et Julien (portraits physiques; charactères).
- Relévez les scènes qui démontrent le dévelopment de leur amitié en notant leur mépris et leur hostilité au début aussi que leur respect et les signes de leur amitié quand elle grandit.
- Faites le portrait de Père Jean et concentrez-vous sur les traits saillants (éducateur; prêtre; être humain).

E. Julien et sa mere: leurs rapports

- Comment imaginez-vous Mme Quentin (son physique, son âge)?
- Analysez le comportment de Mme Quentin
  a) à la gare en disant »au revoir« à Julien et à François,
  b) dans le restaurant.
- Pourquoi est-ce que Julien dit qu'il déteste sa mère et quelques instants plus tard il se serre contre elle?
- Comment est-ce que Mme Quentin se diffère de ses fils?

F. La liberté

- Faites une liste des scènes/situations où le thème de la liberté est articulé.
- Montrez et discutez des scènes dans lesquelles on n'attache pas d'importance à la liberté de l'individu.
- Pourquoi est-ce que Bonnet, Julien et Négus regardent-ils la statue de la Liberté apparaître sur l'écran avec grande fascination?

G. Le symbolisme

- Faites une liste des événements et des objects symboliques dans ce film.
- Pourquoi est-ce Louis Malle a choisi le couvent comme lieu primordial de ce film?

H. Louis Malle

- Recherchez dans l'internet et trouvez des *links* pour Louis Malle.
- Le film a des éléments autobiographiques. Étudiez ce que Louis Malle disait dans l'interview avec Ph. French sur cet arrière-plan.

I. Le titre et quelques associations

- Notez vos associations en réfléchissant le titre de ce film.
- Faites une liste avec des idées opposées: la spontaneité vs. la manipulation; l'amitié vs. l'égoisme et la haine; la sincérité vs. la hypocrisie …
- Concentrez-vous à la liste des associations positives et trouvez des renvois dans le scénario.

- Faites découler un système de valeurs des associations positives.

J. Themes pour »l'écriture créative«

- Des commentaires personnels sur Julien écrits par Bonnet dans son journal intime.
- Une lettre à Julien de sa mère / à Bonnet de sa mère.
- Les mots de Joseph au Gestapo en dénonçant Père Jean et les élèves juifs.
- Dialogue de M. et de Mme Quentin en ce qui concerne l'avenir de leurs fils.
- Une dernière lettre de Père Jean aux »enfants«.

9. Lektüretipps/Medienempfehlungen

Textausgaben zum Filmszenario von Louis Malle

Au revoir, les enfants. Paris: Gallimard, 1987.
Au revoir, les enfants. Scénario. Hrsg. von Wolfgang Ader. Stuttgart: Reclam, 1993. (Universal-Bibliothek 9290.) – *Nach dieser Ausgabe wird zitiert.*

Zu Louis Malle

Billard, Pierre: Louis Malle. Le rebelle solitaire. Paris 2003. (Edition Plon.)
Chappier, Henri: Louis Malle. Paris 1964.
French, Philip (Hrsg.): Malle on Malle. Paris 1978.
Frey, Hugo: Louis Malle. Manchester 2004.
Mallecot, Jacques: Louis Malle par Louis Malle. Paris 1979.
Mérigeau, Pascal: La mort de Louis Malle, cinéaste des passions. In: Le Monde. 27. November 1995.
Prédal, René: Louis Malle. Paris 1989.

Zur Geschichte des Films: Handbücher, Lexika

Katz, Ephraim: The Film Encyclopedia. New York ^{4}2001.
Marschall, Susanne. In: Filmregisseure. Biographien, Werkbeschreibungen, Filmographien. Hrsg. von Thomas Koebner. Stuttgart 1999. S. 443–448.

Rausch, Andrew J.: Turning Points in Film History. Foreword by Joe Bob Briggs. New York 2004.

Sadoul, Georges: Dictionnaire des cinéastes. Paris 1990.

Literatur zur Okkupationszeit

Baruch, Marc Olivier: Das Vichy-Regime. Frankreich 1940–1944. Aus dem Französischen übers. von Birgit Martens-Schöne. Für die deutsche Ausgabe bearb. von Stefan Martens. Mit 8 Abbildungen und einer Karte. Stuttgart 1999. (Reclams Universal-Bibliothek. 17021.)

Kasten, Bernd: Gute Franzosen. Die französische Polizei und die deutsche Besatzungsmacht im besetzten Frankreich 1940–1944. Sigmaringen 1993.

Zielinski, Bernd: Staatskollaboration. Vichy und der »Arbeitseinsatz« für das Dritte Reich. Münster 1995.

Beevor, Antony / Artemis Cooper: Paris After The Liberation 1944–49. New York 2004.

Chastenet, Jacques: De Pétain à de Gaulle. Paris 1970.

Cotta, Michele: La Collaboration, 1940–1944. Paris 1963.

Laborie, Pierre: Les Français des années troubles 1940–1944. De la guerre d'Espagne à la Libération. Paris 2005.

Latour, Anny: La Résistance juive en France. Paris 1970.

Le Boterf, Hervé: La Vie Parisienne sous L'Occupation. Paris 1974.

Paxton, Robert: Vichy France: Old Guard and New Order, 1940–1944. New York 1982.

Perrault, Gilles: Paris sous L'Occupation. Paris 1987.

Ragache, Jean-Robert: La vie quotidienne des écrivains et des artistes sous l'Occupation, 1940–1944. Paris 1988.

Verd, Jacques: Souvenir de l'Occupation allemande. Sanary. Six-Fours. La Seyne. Ollioules. Toulon 1951.

Wieviorka, Annette: Ils étaient juifs, résistants, communistes. Paris 1986.

Unterrichtsbezogene Literatur

Beiken, Peter: Literaturwissen für Schüler. Wie interpretiert man einen Film? Stuttgart 2005. (Reclams Universal-Bibliothek. 15227.)

Fery, Renate / Simone Lück-Hildebrandt: Authentizität im Französischunterricht der Mittelstufe. Zum Einsatz des Films *Au revoir, les enfants*. In: Praxis des neusprachlichen Unterrichts 41 (1994) S. 405–413.

Parallellektüren für den Unterricht

De Gaulle Anthonioz, Geneviève: La traversée de la nuit. Paris 1998 (Deutsch: Durch die Nacht. Zürich/Hamburg 1999). Siehe auch Reclams »Rote Reihe« (Reclams Universal-Bibliothek. 9130).

Fry, Varian: Assignment: Rescue. An Autobiography by V. F. with an introduction by Dr. Albert O. Hirschman. New York / Toronto / London / Auckland / Sydney 2001.

Sartre, Jean-Paul: Morts sans sépulture. Pièce en deux actes et quatre tableaux. Hrsg. von Marianne Meid. Stuttgart 2001. (Reclams Universal-Bibliothek. 9175.)

Vercors [Jean Bruller]: Das Schweigen des Meeres. Erzählung. Aus dem Französischen von Karin Krieger. Mit einem Essay von Ludwig Harig und einem Nachw. von Yves Beigbeder. Zürich 1999.

Louis Malle im Internet

Zahlreiche Links zur Biographie Louis Malles und zu einzelnen Filmen, Hinweise auf Bücher sowie Hausarbeiten und Referate finden sich bei www.google.de → Louis Malle.

Anmerkungen

1 Klaus Barbie war eine der schillerndsten Nazifiguren, die den Krieg überlebt hatten. Er wurde erst spät einer gerechten Strafe zugeführt.
2 Pétain wurde 1945 zum Tode verurteilt, jedoch vom späteren Staatspräsidenten de Gaulle begnadigt.
3 Im Jahre 1942 wurde Pierre Laval Ministerpräsident. Die Deutschen entließen ihn. – Laval wurde von einem französischen Gericht zum Tode verurteilt und am 15. Oktober 1945 exekutiert.
4 Marc Olivier Baruch, *Das Vichy-Regime*, S. 197.
5 Ebd., S. 197.
6 *Malle on Malle*, ed. by Philip French, London 1996, S. 169. – Alle Übersetzungen und Paraphrasierungen von R. P.
7 Charlie Chaplin (1889–1977), erster Weltstarkomiker des Films.
8 Ehrende Anspielung auf den weltberühmten evangelischen Theologen, Arzt, Organisten, Bach-Forscher, Schriftsteller und Missionar Albert Schweitzer (1875–1965). Er wurde im Städtchen Kaysersberg bei Colmar im Oberelsass geboren und starb in Lambarene (Gabun). Für sein beispielhaftes Leben und Wirken, das er in den Dienst der Menschlichkeit stellte, erhielt Albert Schweitzer 1952 den Friedensnobelpreis.
9 Malle (Anm. 6), S. 176.
10 Wolfgang Ader, Nachwort, S. 136.
11 Ader (Anm. 9), S. 137.
12 French (Anm. 6), S. 169.
13 Im Juli 1942 trieb die französische Polizei ca. 13 000 Juden im Vélodrome d'Hiver (Paris) zusammen, die von dort über das Sammellager Drancy nach Auschwitz verbracht wurden. – Im Vélodrome fanden gewöhnlich Sport-Großveranstaltungen statt, so die berühmten Sechs-Tage-Rennen.
14 French (Anm. 6), S. 181.
15 Ebd., S. 172.
16 Ebd.
17 Am 10. Juni 1944 fand das Massaker von Oradour-sur-Glane statt, in dem die Nazis in einer Vergeltungsmaßnahme das ganze Dorf auslöschten. (Im Szenario selbst findet sich logischerweise

kein Hinweis auf dieses Ereignis, das zu den brutalsten des Krieges unter deutscher Besatzung in Frankreich zählte.)

18 Ader (Anm. 9), S. 140.

19 French (Anm. 6), S. 225.

20 Ebd., S. 5.

21 Aus dem Internet (siehe 9. Lektüretipps).

Raum für Notizen